全国
老年远程教育
优秀论文集

中国老年大学协会远程教育工作委员会 编
上海老年大学

广西师范大学出版社
·桂林·

图书在版编目(CIP)数据

全国老年远程教育优秀论文集／中国老年大学协会远程教育工作委员会,上海老年大学编.—桂林:广西师范大学出版社,2023.9
    ISBN 978-7-5598-6333-1

Ⅰ.①全… Ⅱ.①中…②上… Ⅲ.①老年教育-远程教育-教育研究-文集 Ⅳ.①G777-53

中国国家版本馆CIP数据核字(2023)第161548号

全国老年远程教育优秀论文集
QUANGUO LAONIAN YUANCHENG JIAOYU YOUXIU LUNWENJI

出品人:刘广汉
责任编辑:李　昂
装帧设计:侠舒玉晗

广西师范大学出版社出版发行

(广西桂林市五里店路9号　　邮政编码:541004)
(网址:http://www.bbtpress.com)

出版人:黄轩庄
全国新华书店经销
销售热线:021-65200318　021-31260822-898
山东临沂新华印刷物流集团有限责任公司印刷
(临沂高新技术产业开发区新华路1号　邮政编码:276017)
开本:720 mm×1 000 mm　1/16
印张:17　　　　　　　　字数:200千
2023年9月第1版　　2023年9月第1次印刷
定价:68.00元

如发现印装质量问题,影响阅读,请与出版社发行部门联系调换。

老年远程教育创新实践的结晶

俞恭庆

《全国老年远程教育优秀论文集》(以下简称《文集》)是新时代中国老年远程教育创新实践的结晶,是老年教育研究宝库的重要财富,必将载入我国全民终身教育和学习型大国的史册。

《文集》由两部分组成。第一部分是一项综合性研究成果,包括总课题和分课题。围绕老年远程教育服务乡村振兴这个国家战略重点,由全国11个省区市老年大学(含地市县老年大学)分工合作,突出了老年远程教育为谁服务、为什么服务、服务什么、怎样服务、服务成效,以及如何持续有效服务的对策。课题立意高远,内容丰富,数据详实,涵盖了课程(课件)教材、传播方式、队伍建设、组织管理,有生动案例,有理性思考。研究地域覆盖了我国的东部、中部、西部地区,具有广泛的代表性。看了这项研究成果,深受鼓舞、教育和启发。广大老年远程教育工作者,尽情尽心尽力尽责,为了广大农村地区的老年人,特别是老少边穷地区的老年人,与城市的老年人"同上一堂课",共享共用优秀的教学成果,付出了大量心血,做出了宝贵的贡献。

《文集》第二部分收集了一等奖的论文。这些论文的共同特点是聚焦了我国现阶段老年远程教育的热点难点,紧扣了国务院办公厅印发的《老年教育发展规划(2016—2020年)》和《推进养老服务发展意见》中提出的我国老年教育发展的重点、目标、原则和任务。在一定意义上,是全国各地贯彻落实中央文件的研究报告。这些研究成果,特别关注了基层老年远程教育,老年远程教育网络资源的开发利用,如何助力老年人跨越"数字鸿沟",老年远程教育的县、乡镇、村居委的三级管理,以及收视质量的监控与评价,呈现出研究的时代性、前瞻性、针对性和学理性。

《文集》的出版,给我们几点深刻启示:

首先,体现了中国特色的制度优势。组织占全国三分之一的省区市的老年教育工作者参加课题研究,坚持数年,没有11个省区市各级各类老年大学(学校)的高度重视、鼎力支持和紧密合作是难以完成的。

第二,体现了广大老年远程教育工作者的敬业奉献精神。大部分研究是没有专项课题经费的,即便成果获奖,也没物质奖励。要靠研究工作者主动筹措,志愿公益,彰显了很高的精神境界和价值追求。远程教育工作委员会依托山东老年大学建立的老年远程教育实验区工作指导中心,精心组织开展实验区、示范区的评审,为开展老年远程教育的实践研究、实证研究创造了条件。依托上海老年大学建立的老年远程教育课件研发与推广中心,为推进老年远程教育的内涵建设和高质量发展提供了有力的支撑。依托福建老年大学建立的老年远程教育科研与信息服务中心,每年都精心做好全国老年远程教育的课题管理工作。组织熟悉老年教育,有学术造诣的专家进行评审,确保评选的公正性、权威性。依托广西师范大学出版社(上海)有限公司建立的全国老年远程教育网,为全国广大的基层收视点提供大量优质特色老年远程教育课件,以及相关信息与专业服务,增强了老年远程教育的传播力、影响力。老年远程教育工作委员会的各主任单位与委员单位,发挥各自优势,为形成老年远程教育的整体合力,添砖加瓦。远程教育工作委员办公室对课题进行了总体设计、问卷制作、组织研讨、协商分工、材料汇总、撰写总课题报告,听取相关部门和专家意见,多次进行修改,联系出版等，工作认真、踏实、细致。这本《文集》是中国老年远程教育大大合作的成果。

第三，体现了源于实践高于实践的科研特色。这本《文集》可贵之处是许多研究成果来自持续十多年老年远程教育实验区的有组织的科研。教育科学研究要真正成为科学的研究，关键要靠证据和事实来立论。要高度重视教育科研的实践性，善于在实践探索中推进创新，善于总结提炼实践中的典型经验并上升到理论，同时又通过实践检验教育理论，实现理论与实践互动，不断拓宽实践与研究的广度和深度。这本《文集》体现了这点，因此，研究成果具有引领性。

老年远程教育的实践与研究，为数字化赋能老年教育提供了宝贵的经验，提出了许多新课题。如何充分利用数字化技术为广大老年人提供更加丰富便捷灵活多样的学习条件，让更多老年人搭乘数字化快车，共享数字化教育发展的新成果，都需要在创新实践中实现。老年远程教育经十多年坚持不懈接续奋斗，在全国己建立了一批实验区、示范区，形成了一大批优秀的收视点，建设了一批优质老年远程教育的视频和教材，一批基于实践的优秀课题研究成果，形成了一支热心于老年远程教育的专兼职工作队伍。继续深入推进全国老年远程教育有良好的组织基础、实践基础、科研基础。衷心期望中国老年大学协会远程教育工作委员会砥砺奋进，在建设教育强国、实现中国式现代化中做出新的贡献。

2023 年 7 月于上海

（作者系中国老年大学协会第四届副会长，上海市老年教育协会第二、第三、第四、第五届会长，中国老年大学协会远程教育工作委员会名誉主任）

目　录

上　篇

"老年远程教育服务乡村振兴战略"课题

"老年远程教育服务乡村振兴战略"课题报告

一、背景与课题的提出

乡村振兴战略是习近平同志在党的十九大报告中提出的战略,是关系全面建设社会主义现代化强国的全局性、历史性任务,是新时代"三农"工作的总抓手。党的二十大将"全面推进乡村振兴"作为"加快构建新发展格局,着力推动高质量发展"战略的重要构成,进一步突出了中国式现代化背景下共同富裕的重大意义。为了推进乡村振兴战略在老年教育中的落实,在山东省烟台市召开的"2019 年华东地区老年教育协作会议"上,上海老年大学作为中国老年大学协会远程教育工作委员会(以下简称"远工委")主任单位,做了课题《华东地区农村老年远程教育课程需求调研及开发》开题报告,华东六省一市共同响应,一致同意成立总课题组并设在远工委办公室——上海老年大学远程信息化办公室,六省成立分课题组,两年内完成 100 门适合农村的老年教育视频课程。

中国老年大学协会对华东片区把服务农村老年远程教育作为工作抓手进行了充分肯定,认为课题与中央提出的乡村振兴战略相一致、相契合,是完成《老年教育发展规划(2016—2020 年)》主要目标的重要抓手,具有重要的现实意义,并指出在研究中要将农村老年教育与农业振兴目标相结合,与当地农民生存生产特点相结合,与孝老敬亲传统文化相结合。

随后,在上海召开的远工委主任会议上,课题组将《华东地区农村老年远程教育课程需求调研及开发》课题提升为"老年远程教育服务乡村振兴战略",同时邀请重庆市、贵州省、黑龙江省和内蒙古自治区加入课题研究,既扩大调研范围,拓宽了辐射面,又加大了协作力度,使更多省市老年远程教育参与到国家乡村振兴战略中,使更多区域的农村老年群体受益。

二、研究过程与方法

本课题由中国老年大学协会远程教育工作委员会主任单位——上海老年大学牵头,规划整体研究方案和进程,协调内蒙古、黑龙江、上海、江苏、浙江、安徽、福建、江西、山东、重庆、贵州 11 个省区市开展了相关研究与推进工作。各省区市又分别成立了分课题组,负责落实本区域的课题研究工作。

整个研究紧扣农业、农村、农民"三农问题",调研立足地方实际,对农村老年远程教育的现状特别是课程开设的现状、需求与条件,进行剖析整理,发现问题,提出建议。具体包括五个方面:

1. 分析当前国家区域协调发展战略、乡村振兴战略和《老年教育发展规划(2016—2020 年)》目标任务的背景、形势,论证开展农村老年远程教育的重要意义。

2. 对农村老年教育作简要介绍,主要详细分析老年远程教育给农村老年群体带来的机遇和有利条件。

3. 调研各自省区市农村老年教育发展现状,包括课程资源、设施设备、组织形式、管理体制、渠道、模式等,特别对老年远程教育课程开设及需求进行深入调研。

4. 对农村老年远程教育现状,特别是课程资源的现状进行剖析整理,发现问题,提出建议。

5. 针对调研分析报告提出工作建议,致力于开发一批针对各省区市农村老年人群体不同实际情况的适需性与引领性相结合的优质远程视频课程。

调研主要包括以下三个阶段。

第一阶段:全面调研—分析需求—形成调研结论

分课题组围绕老年教育的意义、机遇、现状、资源和课程五项内容开展"大调研"。

本次调研覆盖面大,涉及内蒙古、黑龙江、上海、江苏、安徽、福建、江西、山东、重庆、贵州等省市,主要采取"大样本"问卷调研,尽可能较为全面地了解参与课题的省区市的老年教育现状、需求与存在的问题。调研共计发放问卷34 500份,回收31 380份,问卷回收率91%。其中,有效问卷总量逾29 000份,有效问卷率为93%。本研究的信效度体现为两个方面:第一是专家咨询法,确定问卷的设计维度;第二是经过统计学意义的检验,从整体来看,问卷具有良好的信度,用其所测评的数据具有较高的可信性。

1. 调研内容

(1) 从农民增收角度,调研农业科技、养殖技术、种植技术、加工技术、病虫害防治、农产品网络营销培训等科技致富需求情况。

(2) 从关爱孤寡老人、空巢老人、留守老人等弱势老年群体方面,调研农村老年人心理健康教育需求情况。

(3) 从老年人的全面发展,提高生存、生活、生命质量的角度,调研农村老年人兴趣爱好、科学素养等方面的需求情况。

(4) 从农村家庭养老主要模式,弘扬中华民族敬老、养老、助老的美德出发,调研维护老年人合法权益相关课程的需求情况。

(5) 从人口老龄化国情教育出发,调研人口老龄化形势教育、老龄政策法规教育、应对人口老龄化场景教育、孝亲敬老文化教育、积极老龄观教育等需求情况。

2. 调研方法与过程

调研主要采取问卷法、访谈法和比较研究法。要求立足地方实际，彰显地方特色，对农村老年远程教育的现状、问题、需求进行调研，形成课题调研报告。

（1）各分课题组设计调研问卷，开展调研。分课题组根据本省区市农村实际情况进行问卷设计，开展问卷调研。通过对问卷调查结果的分析，了解相关省区市农村老年群体对远程教育课程的认识、看法和需求情况，并进一步作整体分析。

（2）各分课题组进行实地访谈。对老年远程教育领域专家学者，农村基层干部，农村老年教育管理者、教师，农村老年人等相关人群进行集体或个人访谈，了解各种群体对农村老年人所需远程课程的看法或要求，并尝试提出相关意见、建议和具体可操作的策略。

（3）比较研究。对农村和城市的老年教育，发达地区和欠发达地区的老年教育，在课程内容、实施方式、资源建设等方面进行对比分析。

（4）各分课题组进行数据分析，完成各省市调研报告。各分课题组通过对问卷调查结果的分析，了解本省区市农村老年群体对远程教育课程的认识、看法和需求情况，并汇总分析，形成调研报告。

（5）完成总课题的调研报告。总课题组运用比较法、归纳法对各省区市的问卷调研、实地调研数据和调研报告进行全面的分析、比较、提炼与归纳，形成总课题调研报告。

第二阶段：梳理调研结果，聚焦课程，整合资源，提供丰富的、可选择的课程资源

1. 根据调研结果，分析老年远程教育现状及存在的问题

（1）老年远程教育整体开展较好，老年学员对课程满意度较高，但还有进一

步发展空间。

通过对上海某个农村远程学习点学员远程学习满意度数据分析,主要包括"远程课程类别、远程课程内容、远程课程难度、远程教师专业化水平、远程教学形式以及远程课程教学有效性"等方面情况,发现老年学员远程学习的课程内容和教师专业水平的满意度较高,分别为88.4%和87.1%;而对课程的难度、课程的可选择性满意度相对较低,分别为76.4%和73.4%。

① 对远程课程内容满意度为88.4%。

表1

非常满意		满意		一般		不满意		非常不满意	
人数 (名)	占比 (%)	人数 (名)	占比 (%)	人数 (名)	占比 (%)	人数 (名)	占比 (%)	人数 (名)	占比 (%)
82	35.19	124	53.22	27	11.59	0	0	0	0

② 远程教师专业水平的满意度为87.1%。

表2

非常满意		满意		一般		不满意	
人数 (名)	占比 (%)	人数 (名)	占比 (%)	人数 (名)	占比 (%)	人数 (名)	占比 (%)
86	36.91	117	50.21	22	9.44	8	3.43

③ 对远程课程难度适合情况的满意度为76.4%。

表3

非常满意		满意		一般		不满意	
人数 (名)	占比 (%)	人数 (名)	占比 (%)	人数 (名)	占比 (%)	人数 (名)	占比 (%)
84	36.05	94	40.34	55	23.61	0	0

④ 对现有远程课程可选择的满意度为 73.4%。

表4

非常满意		满意		一般		不满意		非常不满意	
人数 （名）	占比 （%）	人数 （名）	占比 （%）	人数 （名）	占比 （%）	人数 （名）	占比 （%）	人数 （名）	占比 （%）
72	30.90	99	42.49	13	5.58	38	16.31	11	4.72

不同省市的调研,也有一定的差异。如山东省调研数据显示,对所在地老年远程教育开展情况很满意的占85%,一般占12%,不满意的仅3%。

上海调研数据表明,远程教育能较好满足老年学员需要的占64.40%,基本满足需要的占22.40%,不能满足的占3.10%。

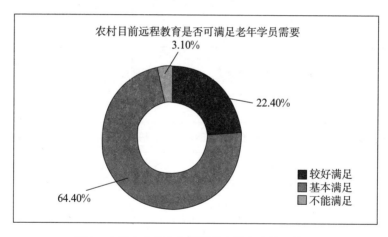

图1 上海市农村老年远程教育满意度调研结果

（2）老年远程教育课程开发更多还是遵循运用"以教为主"的教学模式,缺少"以学习者为中心"的课程意识。

现有的网络课程还是注重教学内容的展现形式上,课程建设存在"新瓶装陈酒"的问题。教学设计重视教学内容的呈现,以教为主,教学的互动性不足,特别是远程教育课件不足。部分地区课件主要依靠省市级老年大学提供和购买,缺少课件开发专项经费和专业技术人员,课程开发数量和质量难以令人满意。课程内容与老年学员面向实践解决问题的需要切合度较低,实用性不够,不能充分满足农村老年学员的学习需求和维持他们的学习动机。

　　上海农村调研数据显示,最受老年学员欢迎的前三位远程教育课程是保健类课程(82.15%)、心理健康类课程(46.63%)、农村时政类课程(26.05%)。

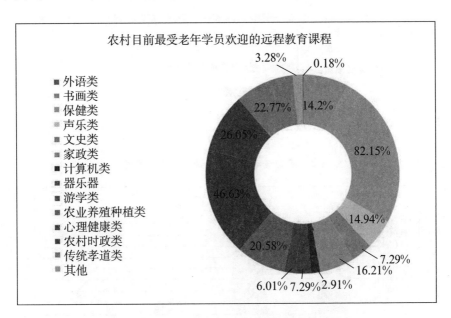

图2　上海农村最受老年学员欢迎的远程教育课程

　　安徽老年远程教育课程的前三位则集中在时事政治、社会主义核心价值观教育类(61.68%),常见老年疾病防治类(59.28%),养生锻炼类(53.89%)。

　　(3) 老年远程教育课程实施方式主要为网络视频课程和电视台老年栏目。

　　福建省依托"党员干部远程学习平台""中国老年网""东方银龄老年教育网""上海老年人学习网""福建省终身学习在线""福建老年教育新媒体电视平台"等组织老年人上网学习,保证远程教育课件播放收看和学习活动落到实处。

　　上海的老年远程教育主要渠道是上海老年人学习网(68.49%)、上海教育电视台"银龄课堂"(53.56%)、上海老年大学微信公众号远程教育栏目等。显然,网络和电视老年节目是老年学员最欢迎的学习渠道。

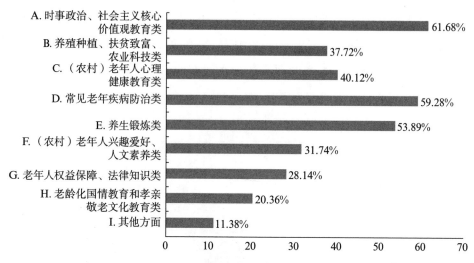

图3 安徽老年远程教育课程受欢迎程度

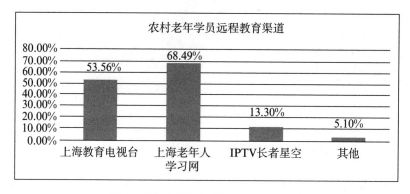

图4 上海农村老年学员远程教育渠道

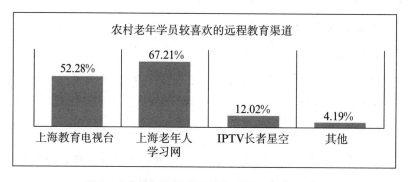

图5 上海农村老年学员较喜欢的远程教育渠道

安徽省调研显示,受老年人欢迎的远程教育资源类型有电视节目类课程(56.29%)、网络视频课程(49.1%)、直播课程或讲座(49.1%)等。

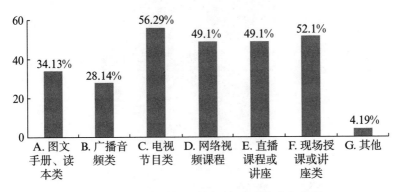

图6　安徽老年学员较喜欢的远程教育资源类型

(4)老年学员远程学习的积极性不够,并非所有的老年人都有条件、有可能参加老年远程教育活动。

山东省调研数据显示,经常参加老年教育(文体)活动的老年人达到82%,偶尔参加的12%,从不参加的5%,想参加但没有条件支持的占1%。

福建省调研数据显示,在对老年远程教育是否了解以及参与学习方面,有了解的占68.16%,不了解的占31.84%;参加学习的占54.58%,没有参加学习的占45.42%。

安徽省调研数据显示,经常参与老年远程教育的人较少。并且,经常参加老年远程教育活动人数在50人以上的教学点仅占27.54%。

从活动次数来看,以安徽省为例,基层老年学校每年利用远程教育资源和远程教育手段开展老年教育活动12次以上(即每月1次)的仅占16.77%,34.73%的学校基本没有组织过远程教育活动。

(5)老年远程教育硬件和软件资源配置不足,有较大提升空间。

调研数据表明,许多省市在老年远程教育的人员配备、资金投入、场所设备等方面都存在不足,是制约老年远程教育发展的主要因素。

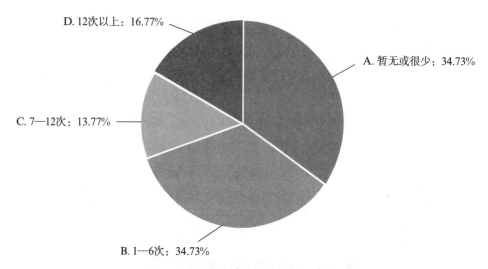

图 7　安徽基层老年学校每年开展老年远程教育活动的次数

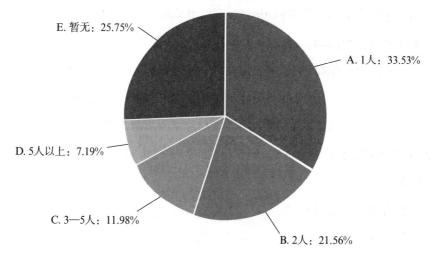

图 8　安徽老年远程教育专职工作人员配备情况

安徽省调研数据显示,接受调查的学校中,约有二分之一的学校从事老年远程教育的工作人员配置仅为 1—2 人;另外,约有四分之一的学校没有配备老年远程教育专兼职工作人员。

2. 针对问题,整合现有课程资源,提供多样化课程选择

要把满足老年人多样化的学习需求作为课题的出发点和落脚点,课题组认

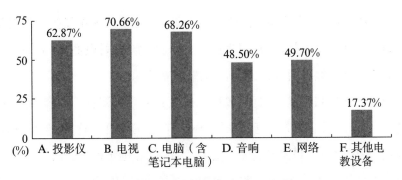

图9　安徽老年远程教育设备配置情况

为要着力研究和解决好教育对象的需求、优质课件资源的共建共享、多渠道多方式为老年人提供学习服务等问题,创造性开发远程教育的数字化资源,针对性整合和推介适合他们的观看载体,选择性制作和播放他们乐意接受的视频时长等。

按照自主多元和统筹协调相结合的原则,各省区市在现有视频课件中筛选出适合农村老年远程教育的课件。课程来源有中国老年大学协会远程教育网、上海老年人学习网、老年大学网站课程、党员干部网、农业网、希望网、优酷网、"东方银龄远程教育"视频、中央电视台《健康之路》、北京卫视《养生堂》、网络电视《书画频道》等,受到众多老年学员的喜爱。

以贵州省为例,围绕社会主义核心价值观、思想道德、科学文化、养生保健、心理健康、职业技能、法律法规、家庭理财、闲暇生活、代际沟通、生命尊严等方面,遴选一批通用型老年教育学习资源;围绕当地优秀传统文化、非物质文化遗产、红色文化、民俗文化等,开发一批具有鲜明地方特色的老年教育学习资源;引进一批优质学习资源,形成系列优质课程推荐目录。

第三阶段:基于需求分析,制作"精品课程",丰富老年远程教育资源库

课题组调研中了解到,受访者普遍认为,远程教育可以不受地域、时空限制,结合自身特点和实际情况选择学习时间、内容和方式,机动灵活,十分方便,盼望能有更丰富的视频学习资源和便捷优质的学习平台。特别是不少村民通过远程教育方式,学习掌握了相关农技知识,在助推乡村经济发展中发挥了积极作用,成效明显。受访者对农技知识、卫生健康、乡村旅游、农村电商、环境保护、法律法规等方面的远程教育内容兴趣浓厚,有较大需求。

课题组经梳理归纳,认为要前瞻性地研发精品视频课程。内容要适应形势发展变化,符合农村老年人生活需求、兴趣爱好、素养提升等特点,在推进学习型社会建设、积极应对人口老龄化上彰显社会功能,在助推经济社会发展、促进和谐稳定上发挥积极作用,侧重于制作实用的农技知识、卫生健康、乡村旅游、环境保护、法律法规等课程。为农村老年群体提供优质的学习资源是提升农村老年远程教育吸引力、参与率的重要举措。

1. 制定课程开发目标与开发原则

(1) 课程开发目标:从"学有所用、学有所乐、学有所为"的角度构建课程。

习近平总书记指出,坚持把解决好"三农"问题作为全党工作重中之重,举全党全社会之力推动乡村振兴。"三农"问题,重点是农业问题,难点是农村问题,瓶颈是农民素质问题。没有农民科学素质的提高,再好的政策都是徒劳。因此,总课题组进一步明确,开发远程教育课程的内容,要注重探索构建农村现代老年远程教育服务"三农"的新路径,提升农村老年群体的科学文化素质与创业致富能力。课程设置不仅要基于老年学员兴趣爱好,还要与当地政治、经济、生活等紧密结合,围绕生产、生活需要,进一步开发有地域特色、以培养"新型农民"为目标的"提质增能"课程。

(2) 课程开发原则:以坚持颐养康乐与进取有为相结合为宗旨,采用因需施教、寓乐于教的教学原则,运用灵活多样的教育方法。加强交流合作,做到资源共享、取长补短,更好地提高课程教育效果。

一是坚持注重政治引领。引导老年学员关注国家的发展、社会的进步,把自己的晚年生活与祖国的命运紧紧联系在一起。如开发"时政热点"类课程,介绍国内外重大时事,引导广大老年学员树牢"四个意识",坚定"四个自信",做到"两个维护"。同时积极创造条件,开发一些国情省情市情教育、政策解读、城市发展、民族文化等方面课程,使学员在学习专业的同时了解党委政府决策部署、社会热点以及与自己切身利益相关的知识。

二是坚持注重稳定性与灵活性相结合。稳定性是指根据教育服务目标和农村老年群体的特点,为提高老年群众的整体素质而确定的基本教育内容。灵活性是指要根据社会经济的发展和老年人自身对新时期新生活的新要求,开发有关的教育活动内容。

三是坚持有序开发,注重实效。要注重结合实际,坚持分类施教、因需施教,根据老同志的年龄、文化程度、职业经历和兴趣爱好等,从多样化、多层次的实际需要出发,科学开发课程,积极开展老年朋友养生保健、心理健康、职业技能、代际沟通、生命尊严等方面的教育,增强课程的新颖性和吸引力,帮助老年朋友提高生活品质、升华人生境界。

四是坚持注重因"地"确"学"。老年远程教育课程没有全国或者地区统一的教学大纲,课程开发的自由度较高,因此,要考虑到各地不同的实际情况,量体裁衣开发多方面、多层次的课程,力求"学有所用、学有所得"。

2. 建构课程框架

课题组基于老年学员的兴趣、爱好和需求的比例,从课程类别、课程领域、课程内容几个维度,构建了课程开发框架,供各省区市开发课程参考。

图10　课程框架图

课程内容按类别主要分为核心领域课程和拓展系列课程。

核心领域课程,包括文明素质、身心健康、文化艺术、生活技能和家庭教育五大领域的课程,每一领域的核心科目由各省区市自行确定1—2门。

拓展系列课程,是在核心领域课程基础之上,拓展相关内容,加深、拓宽视野的课程,包括农业技术、科普知识、电脑应用、人际关系、文学历史、地方文化、舞蹈拳操、养生保健、书法绘画、乐器演奏十大科目。这类课程数量不限,各地根据地域、需求、师资等量力而行、自主开发。

以江苏省为例。江苏开设了10余门核心领域课程和拓展系列课程,如:

(1)文明素质类:普法教育、环保教育、文明礼仪、思想道德教育、时事政治报告、人际关系,新职业农民教育等;

(2)身心健康类:健身舞、健身操、形体舞,太极拳、太极剑、太极扇、太极球,卫生知识和传染病预防,高血压、糖尿病等慢性病防治,食疗,中医保健,老年心理保健,养生气功、瑜伽等;

(3)文化艺术类:声乐、戏剧、书法、美术、摄影、民族舞、广场舞、交谊舞、模特礼仪、服饰模特、刻纸和剪纸、空竹、花卉、电子琴、国学、诗词、旅游文化等;

(4)生活技能类:电脑、智能手机、微信、烹饪等;

(5)农业技术类:种植、养殖技术,诸如草莓种植、茶叶园艺、新品种禽畜养殖、河蟹养殖、龙虾+青虾+螺丝虾养殖、泥鳅养殖、多种葡萄品种(阳光玫瑰、夏黑无核、醉金香、黑巴拉多、红巴拉多、金手指、雄宝、美人指、东方之星、奇高等)种植、黄金梨和秋月梨栽培技术等;

(6)地方文化类:地方发展史、地方人物志、地方红色文化、地方古代历史、地方戏、乡规民约等。

3. 制定视频课程制作技术标准

为提高视频课程质量,总课题组要求各省区市整合课程开发力量,调动课程开发运用的积极性,建立健全课程开发的共建机制。要结合各地实际分门别类不断创作出数量充足的优秀视频课程,满足不同地区、不同学员的个性需求。

为保障各省区市视频课件制作质量,课题组请专业人员起草、制定了课程制作的技术标准。

以重庆市为例,按照课题组任务分配,由重庆市老年大学负责完成开发15门远程教育视频课程,包括实用农技、卫生保健、社会科学等类别,安排学校教师或聘请专家学者授课,按照高清视频课程有关技术指标制作,每个视频课程时长45—60分钟,可连续收视,亦可分段收看,能满足15分钟、30分钟或1小时的不同收视时长的学习要求。

表5

实用农技	① 柑橘全程质量安全控制 ② 花椒生态种植新技术 ③ 无公害蔬菜栽培常识 ④ 林下养鸡繁殖技术 ⑤ 鱼病防治实用技术
卫生保健	⑥ 中医治疗肩周炎 ⑦ 自我推拿治疗高血压病 ⑧ 实用家庭推拿自我保健与治疗 ⑨ 颈椎病的防治 ⑩ 老年常见心脑血管病的防治
社会科学	⑪ 老年人心理及老年期精神障碍 ⑫ 农村老年人依法维权常识 ⑬ 旅游导言 ⑭ 农村电子商务 ⑮ 文明礼仪

4. 鼓励各地开发特色课程,丰富课程多样性和选择性

课程开发不在数量多,而在于课程能满足所需,能提升课程品质。因此总课题组鼓励各分课题组,在普适性课程开发的基础上打造特色课程。

以贵州省都匀市为例。都匀市提出打造"一村一品",分类挖掘和丰富各村老年远程教育课程内涵。结合都匀市的酒文化、茶文化、水书文化等,探索建立具有各村特色的新兴课程。结合布依族、苗族文化,挖掘、制作一批极具地方民族特色的歌舞节目,助推当地的乡村特色旅游产业发展。如,小围寨大河村的

"民族长号"课程、归兰水族乡的水书课程、沙包堡黄丰村的"舞龙舞狮"课程、墨冲镇墨冲村的"花灯舞蹈"课程、平浪镇平浪村的"民族腰鼓"课程、毛尖镇的"毛尖茶炒茶技艺"课程、都匀市的"水族民族剪纸"课程等,极大丰富了民族旅游文化。

再以安徽省为例。基于调研需求,安徽省围绕服务"三农"开发了一批特色课程,包括种植、养殖、老年慢性病防治、农村医疗卫生等。并对现有 11 个系列、59 个门类的资源细化分类打包,形成定制菜单式课程,进一步满足基层老年大学(学校)学习需求。

福建省三明市根据"实际、实用、实效"的原则,整合部门资源,挖掘当地特色,把优秀的、具有广泛群众基础的传统文化、地域文化,注入时代元素,制作具有鲜明地域特色、服务三农的实用课程,满足当地老年人学习需求,打造地方特色老年教育。具体做法包括:一是充分利用省、市、县委组织部教育教学资源平台的主渠道作用,建设农村经营管理、农村适用技术、市场信息等科技课程;二是建立教学资源协作机制,按照实用原则,整合电教、农业、教育、科技、文化、广电等部门的有效资源,开发乡土教材,充实远程教育资源库;三是有针对性地适时引进外地优秀教材和信息资源;四是收集和处理致富信息及尊老、敬老、孝老和老有所为的先进典型事例。

三、研究成果

1. 构建了"核心领域 + 拓展系列 + 地域特色科目"的老年远程教育课程体系框架

从文明素质、身心健康、文化艺术、生活技能和家庭教育五大领域搭建探索解决"三农"问题的课程体系框架,细分为十大门类的拓展系列课程,包括农业技术、科普知识、电脑应用、人际关系、文学历史、地方文化、舞蹈拳操、养生保健、书法绘画、乐器演奏。

各省区市可结合当地实际,细化具体开设的科目。如江苏省在农业技术类课程中,又细分开设8门科目。

农业技术类课程:种植、养殖技术

科目	草莓种植 茶叶园艺 新品种禽畜养殖 河蟹养殖 龙虾 + 青虾 + 螺丝虾养殖 泥鳅养殖 多种葡萄品种种植 黄金梨和秋月梨栽培技术

图11　江苏省"农业技术"类课程科目

2. 构建了"课程纲要"模板,初步建立课程设计的规范

在课程开发过程中,为统一规范课程设计的基本范式,形成了课程纲要的基本模板,供各省区市参照。

模板围绕课程的基本要素来构建,包括:课程名称、课时数、课程时间、课程类型、课程内容、课程特色、教师简介等。

表6　"课程纲要"模板

课程纲要	
课程名称	
课时数	
课程时间	
制作单位	
课程照片	
课程类型	○系列课程视频　○单课程视频　○微课程视频

（续表）

课程主要内容及特色	
主讲教师姓名	
主讲教师简介	

3. 制定了课程制作技术标准，形成了课程制作的技术规范

为提升课程制作的品质，更好地对接现有资源平台，共享课程资源，对课程制作的基本要求、录制方式、交付格式、技术指标等，都做了详细的规定，形成了视频课程的技术规范。

一、新课件制作基本要求
1. 像素：1 920×1 080 P
2. 语言：普通话（如用方言授课，请在屏幕下方打上中文字幕）
二、录制方式、设备与制作
1. 拍摄方式：根据课程内容，采用多机位拍摄，机位设置应满足完整记录全部教学活动的要求。
2. 录像设备：摄像机推荐使用高清数字设备。
3. 录音设备：采用专业级话筒，保证教师和学生发言的录音质量。
4. 后期制作：使用相应技术要求的非线性编辑系统。
三、交付格式
视频采用 H.264（MPEG－4 Part 10：profile＝main. level＝3.0）编码的、不包含字幕的 MP4 格式，音频压缩采用 AAC（MPEG－4 Part 3）格式。学校应保留原始素材与成片，同时交付独立的 SRT 格式的字幕文件。
四、制作要求
1. 片头与片尾：片头不超过 10 秒，应

包括：学校 LOGO，课程名称，讲次，主讲教师姓名、职称、单位等信息。片尾包括版权单位、制作单位、录制时间等信息。
2. 课程内容：符合教学内容的课程，或以系列、专题方式呈现的讲座。
五、技术指标
（一）视频信号源
1. 稳定性：全片图像同步性能稳定，无失步现象，CTL 同步控制信号必须连续；图像无抖动跳跃，色彩无突变，编辑点处图像稳定。
2. 信噪比：图像信噪比不低于 55 dB，无明显杂波。
3. 色调：白平衡正确，无明显偏色，多机拍摄无明显色差。
4. 视频电平：视频全讯号幅度为 1 V p-p，最大不超过 1.1 V p-p。全片一致。
（二）音频信号源
1. 声音无明显失真，音量过大或过小。
2. 声音和画面要求同步，无交流声或其他杂音等缺陷。
3. 解说声与现场声或背景音乐无明显比例失调。

图 12　课程制作技术标准

4. 开发了精品课程160门,部分课程获得国家或地方奖项,极大丰富了老年远程教育资源库,提升了老年学员对特需课程的满意度

各分课题组根据课程体系框架,结合地域特色和学员需求,总计开发了160门课程(详情见附件)。这些视频课程品质较高,内容丰富,其中部分课程在国家和地方的评选中脱颖而出,获得优秀奖项。

如,江西省每两年组织一次全市优秀视频教材交流评选活动,制作了两门系统教材、30多部优质视频教材和一批课录教材,其中8部被评为全国老年远程教育优秀视频课程,16部被评为特色视频课程。上海老年大学2019年建成资源制作中心,近年来共计拍摄制作精品课程近60门1400多节,其中23门被评为全国老年远程教育优秀视频课程,6门被评为特色视频课程,1门被评为优秀微视频课程。

5. 助推了教师专业化水平的提升,实现了"成人成事",为老年远程教育培育了骨干力量

老年教育课程的多样化和受教群体的特殊性,对教师的专业化水平提出了更高的要求。老年远程教育的课程开发,最前端的工作就是要做好教师的选拔、培训和培养工作。通过课程开发和制作,一大批年轻教师对老年教育的工作产生了激情,他们在研究中了解了农民所需,结合自己的专业知识,实现了教育思维、课程设计、教学方法、技术应用等多方面的快速提升,打造了一批优秀的骨干教师队伍,为更好地服务社会主义新农村建设积蓄了后备力量。

四、发展建议

本课题按研究计划,有序完成了研究目标和研究任务。虽然取得了一定的成果,但是仍应持续探索,才能推动老年远程教育更好、更快地发展:

1. 坚持"以城带乡,城乡融合"理念,加强引导城市优质资源向农村流动,缩小老年远程教育的城乡差距

习近平总书记指出,"城市和乡村是一个有机体,乡村不能没有城市,城市不

能没有乡村"。为此,结合各地自然条件、民俗民风和经济特点等,通过对口支援、帮扶、志愿者等方式,加强城市和乡村学校之间的交流与合作,促进人才、技术、信息等要素的流动。挖掘好、开发好符合各地实际需求的老年远程教育课程,将城市优质教育资源引入乡村地区,实现城乡教育资源的共享。提升乡村教育的软硬件设施设备和质量,提高效益,从而增强老年远程教育的覆盖面和适用性。进一步丰富城乡老年人的精神文化生活,也为老年学员致富创收提供远程教育支持。

2. 坚持"顶层设计、整体统筹"理念,加强老年远程教育的整体规划

老年远程教育作为老年教育的重要组成部分,在工作开展中要进行统筹规划、顶层设计。在课程开发方面,为避免同质化课程的过多产出,需更合理地利用资源,因此,要从全局出发,综合考虑各种因素,制定长期发展战略。既要加大课程开发力度和专业性,丰富课程门类与内容,又要相互合作,联合开发资源,从而降低成本,提高效率,确保从精神文化生活、身心健康养生、实用技能培训等方面开发丰富多彩的课程,又从全面、整体、细致的角度,确保老年学员多元化、个性化的学习需求得到满足。

3. 坚持"开放、融合、共享"理念,加大力度探索基于远程教育特点和要求的远程教学支持服务

在课程资源上,实行线上线下数据互通共融、课件资源共建共享。多途径全覆盖,实现在课堂、在家里、在公共场所等,不受时空约束的全天候学习新模式。积极开发老年远程教育课件,丰富老年学习网资源库。针对不同区域、不同层次、不同身心状况、不同学习需求的老年学习者,开展有效远程教学模式探索。

4. 坚持"功能整合、资源共享、信息互通"理念,持续加强老年远程教育资源与平台建设

加强人员配置与资金支持,积极探索远程教育入户工程,提升远程教育服务质量。如"云课堂",积极对接当地广电部门,利用有线电视、户户通等方式将老年远程教育接入农村和基层社区;另一方面,在目前智能手机大范围普及的情况

下,升级改造远程教育互联网平台,开发移动端学习平台,实现老年远程教育资源的全覆盖。

5. 坚持"广开门路、多方借力、共谋发展"理念,激发老年远程教育发展活力

老年远程教育要焕发无限生机,需要全社会的关注,需要社会力量的多方位支持。政府要鼓励社会力量参与老年远程教育,让各类企业有途径可以与老年远程教育机构通力合作,以共同开发课程资源、提供技术支持和赞助等方式,参与到老年远程教育的发展中来,从而更好地促进老年远程教育的可持续发展和全方位普及。

作者简介:

王　敏　中国老年大学协会远程教育工作委员会副主任

　　　　上海远程老年大学校务委员会副主任

　　　　上海老年大学副校长

张冬梅　中国老年大学协会远程教育工作委员会办公室主任

　　　　上海远程老年大学校务委员会办公室主任

　　　　上海老年大学远程(信息化)办副主任

张娟娟　上海老年大学教务办副主任

徐　隽　上海老年大学远程(信息化)办助理研究员

附件：《老年远程教育服务乡村振兴战略》课题 精品课程名单

序号	省区市	推荐单位	课程名称
1	内蒙古	包头市老年大学	彩铅画
2	内蒙古	包头市老年大学	扬琴
3	内蒙古	包头市老年大学	智能手机
4	内蒙古	包头市老年大学	计算机基础
5	内蒙古	包头市老年大学	健身气功
6	内蒙古	包头市老年大学	楷书
7	内蒙古	鄂尔多斯市老年大学	农作物病虫害基础知识
8	内蒙古	鄂尔多斯市老年大学	继承与被继承
9	内蒙古	鄂尔多斯市老年大学	面对"强行啃老"，老年人应该怎么办
10	内蒙古	鄂尔多斯市老年大学	谨慎"套路贷"，别让理财变成散财
11	内蒙古	鄂尔多斯市老年大学	子女不履行赡养义务，老年人该怎么办

（续表）

序号	省区市	推荐单位	课程名称
12	内蒙古	鄂尔多斯市老年大学	解读《中华人民共和国土地承包法》《中华人民共和国村民委员会组织法》
13	内蒙古	巴彦淖尔市老年大学	写意牡丹的结构及布局
14	内蒙古	巴彦淖尔市老年大学	筷子舞
15	黑龙江	牡丹江老年大学	冰雪画
16	黑龙江	牡丹江老年大学	数字生活微课件
17	黑龙江	牡丹江老年大学	音乐课堂
18	上　海	上海老年大学	【骨质疏松】静悄悄的杀手
19	上　海	上海老年大学	【老年痴呆】美好回忆的"橡皮擦"
20	上　海	上海老年大学	【慢阻肺】让我的肺更好地动起来
21	上　海	上海老年大学	【糖尿病】健康讲"糖"
22	上　海	上海老年大学	【眼科】为心灵的窗户除尘
23	上　海	上海老年大学	【颈椎】"颈"久不息，"椎"毁莫及
24	上　海	上海老年大学	【听力】不聋生活，乐享世界
25	上　海	上海老年大学	【消化】"胃"健康，"肠"平安
26	上　海	上海老年大学	【心理】远离不良情绪，乐享夕阳生活
27	上　海	上海老年大学	老年人的健康生活方式
28	上　海	上海老年大学	防范电信网络诈骗
29	上　海	上海老年大学	心脑血管病重在预防
30	上　海	上海老年大学	肿瘤可防也可治
31	上　海	上海老年大学	老年人的饮食与运动
32	上　海	上海老年大学	老年人的健康管理
33	上　海	上海老年大学	正确对待老与病　争取健康与长寿

（续表）

序号	省区市	推荐单位	课程名称
34	上 海	上海老年大学	漫谈颈肩痛
35	上 海	上海老年大学	心脏那点事儿
36	上 海	上海老年大学	个人健康与管理
37	上 海	上海老年大学	老年泌尿系统疾病防治与健康
38	上 海	上海老年大学	走出高血压的一些认识误区，早防早治高血压
39	上 海	上海老年大学	癌症预防和筛查——老年人如何远离癌症
40	上 海	上海老年大学	关注脑健康，生活更精彩
41	上 海	上海老年大学	老年人为何越来越"精神"
42	上 海	上海老年大学	认识和预防呼吸道疾病
43	浙 江	浙江老年电视大学	老年人法律常识
44	浙 江	浙江老年电视大学	煲出健康来
45	浙 江	浙江老年电视大学	老年人运动与健康
46	浙 江	浙江老年电视大学	做个聪明的病人
47	浙 江	浙江老年电视大学	家庭常见急症处理指南
48	浙 江	浙江老年电视大学	国学经典新读
49	浙 江	浙江老年电视大学	体育之光
50	浙 江	浙江老年电视大学	童心未泯
51	浙 江	浙江老年电视大学	低碳生活宝典
52	浙 江	浙江老年电视大学	防慢病 治未病
53	浙 江	浙江老年电视大学	跟我学烘焙
54	浙 江	浙江老年电视大学	智享未来——老年数字生活新体验
55	浙 江	浙江老年电视大学	补益中药实用技巧
56	浙 江	浙江老年电视大学	浙江风俗故事

（续表）

序号	省区市	推荐单位	课程名称
57	浙　江	杭州市老年电视大学	"互联网＋"老年美好生活课堂项目,智能手机线上课程
58	安　徽	安徽老年开放大学	安徽省中低产田改良集成技术（上）
59	安　徽	安徽老年开放大学	安徽省中低产田改良集成技术（中）
60	安　徽	安徽老年开放大学	安徽省中低产田改良集成技术（下）
61	安　徽	安徽老年开放大学	霍山石斛栽培（上）
62	安　徽	安徽老年开放大学	霍山石斛栽培（中）
63	安　徽	安徽老年开放大学	霍山石斛栽培（下）
64	安　徽	安徽老年开放大学	乡村振兴战略与现代农业创新（上）
65	安　徽	安徽老年开放大学	乡村振兴战略与现代农业创新（中）
66	安　徽	安徽老年开放大学	乡村振兴战略与现代农业创新（下）
67	安　徽	安徽老年开放大学	乡村旅游（上）
68	安　徽	安徽老年开放大学	乡村旅游（中）
69	安　徽	安徽老年开放大学	乡村旅游（下）
70	安　徽	安徽老年开放大学	生态农场管理（上）
71	安　徽	安徽老年开放大学	生态农场管理（中）
72	安　徽	安徽老年开放大学	生态农场管理（下）
73	福　建	福建老年大学	花鸟中国画
74	福　建	福建老年大学	声乐基础
75	福　建	福建老年大学	颜体楷书
76	福　建	福建老年大学	老年写意花鸟画轻松入门（牡丹、紫藤、月季）
77	福　建	福建老年大学	中国古典舞
78	福　建	泉州老年大学	中医按摩

（续表）

序号	省区市	推荐单位	课程名称
79	福　建	泉州老年大学	西医保健
80	福　建	泉州老年大学	音乐教学
81	福　建	泉州老年大学	广场舞
82	福　建	泉州老年大学	南音三弦
83	福　建	南平市老年大学	武夷茶文化
84	福　建	南平市老年大学	朱子文化中的齐家智慧——《白鹿洞书院揭示》的现代意义
85	福　建	宁德市老年大学	佳木斯健身操
86	福　建	宁德市老年大学	剪纸
87	江　西	新余市老年大学	国学吟唱
88	江　西	宜春市老年大学	江西风味家庭套餐
89	江　西	上饶市老年大学	舞蹈《妈妈教我一支歌》
90	江　西	上饶市老年大学	朗诵《平舌音和翘舌音的发音要领》
91	江　西	上饶市老年大学	摄影构图的基本技巧
92	江　西	上饶市老年大学	古典团扇舞
93	江　西	上饶市老年大学	舞蹈《家乡的月亮》
94	江　西	上饶市老年大学	手机摄影
95	江　西	吉安市老年大学	庐陵美食
96	江　西	吉安市老年大学	颈椎病的按摩保健
97	江　西	吉安市老年大学	舞蹈《欢腾》
98	江　西	吉安市老年大学	太极拳展示与教学
99	江　西	江西老年大学	插花（直立型、倾斜型、平出型、倒挂型）
100	江　西	江西老年大学	茶艺（绿茶泡法、红茶泡法）

（续表）

序号	省区市	推荐单位	课程名称
101	江　西	抚州市老年大学	《圣教序》单字精讲教学
102	江　西	抚州市老年大学	格律诗词入门
103	江　西	抚州市老年大学	古筝入门教学
104	江　西	抚州市老年大学	古典舞身韵手眼组合《春闺梦》
105	江　西	抚州市老年大学	舞蹈《映山红》
106	江　西	赣州市老年大学	采茶戏歌舞
107	江　西	南昌市老年大学	智能手机应用
108	江　西	南昌市老年大学	中医保健知识
109	江　西	南昌市老年大学	交谊舞基础
110	江　西	南昌市老年大学	书法基础教学
111	江　西	南昌市老年大学	二胡基础教学
112	山　东	山东老年大学	面塑
113	山　东	山东老年大学	吕剧选唱
114	山　东	滕州市老年大学	民俗文化记乡愁
115	山　东	威海市老年大学	母婴护理师培训
116	山　东	荣成市老年大学	草编手工课
117	山　东	东营市老年大学	传统布艺技艺
118	山　东	东营市老年大学	民间剪纸艺术
119	山　东	东营市老年大学	广场舞教学
120	山　东	鄄城县老年大学	夕阳红音乐课堂教学
121	山　东	青岛西海岸新区老年大学	传统面人
122	山　东	滨州市老年大学	削竹成趣——竹哨、竹龙制作
123	山　东	滨州市老年大学	滨州民间剪纸

（续表）

序号	省区市	推荐单位	课程名称
124	山 东	滨州市老年大学	养生瑜伽
125	山 东	博兴县老年大学	储物筐编织
126	山 东	惠民县老年大学	马蹄烧饼的制作
127	山 东	高密市老年大学	聂家庄泥塑制作技艺
128	山 东	寿光市老年大学	阳台蔬菜科学种植
129	山 东	烟台老年大学	苹果栽培管理技术
130	山 东	淄博市老年大学	烹饪
131	重 庆	重庆市老年大学	柑橘全程质量安全控制
132	重 庆	重庆市老年大学	花椒生态种植新技术
133	重 庆	重庆市老年大学	茄子栽培技术
134	重 庆	重庆市老年大学	膝关节骨性关节炎
135	重 庆	重庆市老年大学	常见鱼病防治技术
136	重 庆	重庆市老年大学	再话肩周炎
137	重 庆	重庆市老年大学	智能技术 智慧生活
138	重 庆	重庆市老年大学	话说腰椎间盘突出症
139	重 庆	重庆市老年大学	颈椎病的防治
140	重 庆	重庆市老年大学	无声疾病——骨质疏松
141	重 庆	重庆市老年大学	老年常见心脑血管病的防治
142	重 庆	重庆市老年大学	"涉老"侵权案件浅析
143	重 庆	重庆市老年大学	健康家庭菜
144	重 庆	重庆市老年大学	农村电子商务
145	重 庆	重庆市老年大学	传统礼仪与现代文明
146	贵 州	贵州老年大学	思政课《全面推进贵州乡村振兴重点工作》

（续表）

序号	省区市	推荐单位	课程名称
147	贵 州	贵州老年大学	思政课《习近平生态文明思想——造福中国光耀世界》
148	贵 州	贵州老年大学	思政课《全心全意为人民服务》
149	贵 州	贵州老年大学	普通话
150	贵 州	贵州老年大学	书法课
151	贵 州	贵州老年大学	葫芦丝
152	贵 州	贵州老年大学	苗族健美操
153	贵 州	贵州老年大学	民族舞《佳人曲》
154	贵 州	贵州老年大学	声乐课《摘菜调》
155	贵 州	贵州老年大学	太极拳
156	贵 州	贵州老年大学	声乐课《梅花》
157	贵 州	贵州老年大学	声乐课《不忘初心》
158	贵 州	贵州老年大学	花道艺术
159	贵 州	贵州老年大学	素描课
160	贵 州	贵州老年大学	东方舞

内蒙古自治区老年远程教育发展瓶颈的探究

内蒙古自治区幅员辽阔,人口老龄化程度逐年加剧,老年大学办学规模有限,一座难求的现象既突出又严重。老年远程教育是老年教育的重要组成部分,是惠及农牧区乡村老年人,促进精神文明建设和提升老年生活品质的重要手段,是进一步解决教育资源配置不均衡的有效途径。经过内蒙古自治区全区各级老年大学的不懈努力,老年远程教育推广工作在内蒙古自治区取得了一定的成效。但困难也客观存在,老年远程教育存在发展不平衡、群众收视热情不高、后驱动力不足等问题。如何破解发展中的瓶颈,探究问题症结所在势在必行。本文以内蒙古自治区包头市、鄂尔多斯市、巴彦淖尔市和锡林郭勒盟等4个盟市为调研对象进行深入探索。

一、引言

为什么选择这4个盟市?(1)包头市老年大学是内蒙古自治区唯一的远程教育示范区,鄂尔多斯市各级老年大学近几年发展迅猛,两座城市是我区经济发展的排头兵。(2)把锡林郭勒盟和巴彦淖尔市两个盟市作为调研对象,原因有以下四点:第一,两个盟市的国内生产总值(GDP)相近(锡林郭勒盟与巴彦淖尔市2018年的国内生产总值都是819亿余元);第二,前者极具民族特色,后者则具有典型的河套平原农耕文化特色;第三,都是民族大团结大融合的杰出代表;第四,两地老年大学的发展迥异。教育的进步与经济的发展密切相关。老年教育仍属于教育范畴,这一点不会因为老年大学的主办者而产生质的变化。老年远程教育作为科技发展的产物,是教育信息化的代表,是学生与教师身处异地,学校之间利用多媒体共享资源的办学方式,也是老年大学扩大普及率的措施之一。这需要几个关键因素发挥作用,一是经费投入,二是领导重视程度,三是资源建设与推广。

二、内蒙古老年远程教育工作情况

2017年,中国老年大学协会远程教育工作委员会(以下简称"远工委")在上海筹备建设了"中国老年大学协会远程教育网"。该网络平台正式上线以来,内蒙古自治区第一年推广了26个收视点,做到了盟市级老年大学全部设立远程教育网收视点并逐年推广。截至2019年年底,内蒙古自治区老年远程教育网收视点已经达到195个,个别地区延伸到了乡镇和社区。全区共有老年远程教育实验区4个和示范区1个。2019年6月,远工委为扩大研究范围,拓宽辐射面,使更多地域的农村老年群体受益,将《老年远程教育服务乡村振兴战略》课题由原来的华东六省一市延伸到了贵州、黑龙江、内蒙古自治区和重庆。目前,内蒙古参与该课题,一是由内蒙古老年大学协调各盟市(远程教育实验区、示范区校)开展农村老年远程教育课程需求调研;二是制作视频和课件,按照时间表要求上报至远工委办公室。

三、内蒙古老年远程教育发展面临的困境

当前,内蒙古自治区的老年远程教育发展态势稳健,但仍有不足和困难。虽

然我区的老年远程教育收视点数量多,但实际收视情况欠佳,远程推广的"后驱动力"不足。后续能够达到实验区和示范区评审标准的院校较少。盟市之间存在发展不平衡、不充分的现象(图1)。

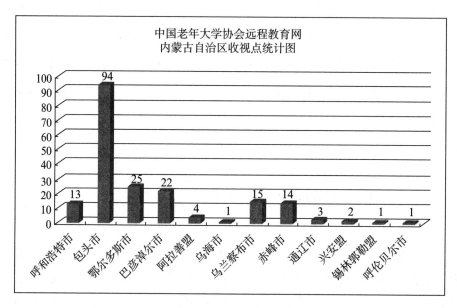

图1 内蒙古自治区收视点统计图

内蒙古自治区老年远程教育呈现西部多东部少的特点。分析其原因,除了与各级领导的重视程度不同以外,还与东西部盟市的经济发展、地理位置和气候条件差异等有关。东部盟市位置偏北,冬季严寒、夏季较短,老年人冬季有"猫冬"的传统,不同程度地存在"候鸟老人",属于人口迁移较频繁地区。内蒙古自治区的老年大学主要是由老干部工作部门兴办。从体制上讲,老干部局在县级以下没有相应的机构设置。2019年行政机构改革,除自治区本级老干部局单独设立机构以外,盟市级及以下整合进当地的组织部门,人员变动较大。原来由老干部局创办的老年大学面临诸多的困难。经过对两个盟市的调研摸底(表1、表2),对老年教育机构的办学情况有了一个基本的了解。

表1　巴彦淖尔市及各旗县老年大学办学情况统计表

单位名称	办学经费	机构编制	校舍面积	办学基本情况	远程教育	学员人数
巴彦淖尔市老年大学	财政拨付150多万元	正科级事业单位，9个编制	4000平方米	100多个班及各类协会、团体	远程教育实验区	8000余人次
乌拉特前旗老年大学	财政拨付5万元	没定机构、编制等"三定"	约1000平方米	13个专业26个班	刚批复，没有开展实际工作	700余人次
五原县老年大学	财政拨付18万多元	4个编制，没定级	3800平方米	30个专业66个班	刚批复，正在开展	1800余人次
杭锦后旗老年大学	财政拨付5万多元	没定机构、编制等"三定"	无校舍，借助社区办学	6个固定班级，其余为动态场地办学	刚批复，没有开展实际工作	800余人次
磴口县老年大学	每年申请20多万元	没定机构、编制等"三定"	3000平方米办公楼内	14个专业24个班	刚批复，没有开展实际工作	600余人次
乌拉特中旗老年大学	财政拨付5万元，其他财政申请20万元	正科级事业单位，8个编制，走教师职称评定	1600平方米	3个教学点12个班	刚批复，没有开展实际工作	300余人次
乌拉特后旗老年大学	每年申请约28万元经费	正科级事业单位	200平方米	11个班	刚批复，硬件设施无法满足实际需求	300余人次

表 2　锡林郭勒盟及各旗县老年大学办学情况统计表

单位名称	办学经费	机构编制	校舍情况	办学基本情况	远程教育	学员人数
锡林郭勒盟老年大学	15 万元	正科级事业单位,3 个编制	借用局机关部分场地办学	8 个专业 10 个班	暂时没有开展工作	300 人次
锡林浩特市老年大学	老干部局经费支持	没定机构、编制等"三定"	与老体协合作办学	10 个班	无	200 人次
二连浩特市老年大学	老干部局经费支持	没定机构、编制等"三定"	与老干部活动中心合署办公	4 个班	无	200 人次
东乌旗老年大学	财政拨付加老干部局经费支持	没定机构、编制等"三定"	无正式课堂教学	舞蹈和音乐专业	无	60 余人次
西乌旗老年大学	老干部局经费支持	没定机构、编制等"三定"	与老干部活动中心合署办公	舞蹈和音乐专业	无	20 余人次
东苏旗老年大学	组织部和老干部局经费支持	没定机构、编制等"三定"	借用老体协和社区场地	季节性办学	无	20 余人次
西苏旗老年大学	老干部局经费支持	没定机构、编制等"三定"	与老干部活动中心合署办公	蒙文唱歌班,舞蹈、柔力球	无	100 余人次
白旗老年大学	老干部局经费支持	没定机构、编制等"三定"	与老干部活动中心合署办公	音乐、书法、舞蹈、声乐班	无	100 余人次
蓝旗老年大学	老干部局经费支持	没定机构、编制等"三定"	与老干部活动中心合署办公	舞蹈和电脑班	无	40 余人次
黄旗老年大学	财政拨付 4 万多元	没定机构、编制等"三定"	与老干部活动中心合署办公	季节性办学	无	47 人次
阿巴嘎旗老年大学	财政拨付 1 万多元	没定机构、编制等"三定"	与老干部活动中心合署办公	3 个班	无	200 余人次
太仆寺旗老年大学	财政拨付 3 万元	没定机构、编制等"三定"	有新场地,与社区办分校	书画,舞蹈	无	60 人次
多伦老年大学	老干部局经费支持	没定机构、编制等"三定"	与老干部活动中心合署办公	5 个班	无	150 人次
乌拉盖老年大学	财政拨付 5 万余元	没定机构、编制等"三定"	与老体协合作办学	3 个班	无	50 余人次

从两个盟市的调研数据可以看出,具有民族特色的地区,由于人口基数少、蒙汉文化差异、气候等原因,老年大学的办学规模不大,远程教育课程对于民族地区的吸引力较弱。现行条件下,区位不同,各盟市办学重点不同。结合当地实际,各盟市老年大学因地制宜、因势利导发展特色办学。例如,锡盟二连浩特市冬春季节老年人飞往海南过冬,夏秋两季回乡享受草原的美食美景。老年大学办学随人口流动和季节更迭而变,冬季基本处于停课状态,晚春时分老年人纷纷返回,继续参加学习。而地处内蒙古西部地区的巴彦淖尔市,气候条件温和,老年人口相对稳定。老年大学实施综合发展、突出重点的办学理念,把老年远程教育课程编入课程表,同时学校大力倡导表演类、才艺类等专业的发展,注重第三课堂和老年协会组织的建设,结合河套平原浓郁的风土人情,紧跟文化旅游活动节拍,丰富广大老年人的文化生活,对促进本地区的和谐、稳定做出了贡献。广大群众喜闻乐见,当地政府也大力倡导,形成了良好的社会效益。市级老年大学财政投入150余万元,有独立教学楼和场地,定期开展全市老年教育培训会议,形成良好的办学氛围,各旗县在财政拨付的经费之外,多渠道筹措资金,平均每年可利用经费达20多万元。包头市和鄂尔多斯市的办学情况较好,但也存在一些其他地区都具有的共性问题。

四、挖掘问题本质,探究解困出路

(一)内蒙古自治区老年远程教育发展的瓶颈

第一,学习要注重文化差异。由于文化差异等原因,现有远程教育课程缺乏吸引力。现行的课程(文、旅、养生、艺术、书画等普适性的社科类课程)集中体现了汉族传统文化的精髓,缺乏民族地区人们喜闻乐见的文化艺术、风土人情等元素,没有得到普遍的认同和共鸣。除去农村集体领导层的重视程度等因素之外,影响因素较复杂。

第二,由于组织机构设置等原因,老年远程教育下潜基层存在困难。内蒙古老年教育体系都是老干部工作部门办学,组织机构只能延伸到旗县一级,乡村没有机构设置。各级老干部工作部门没有从属关系,自治区级对于盟市和旗县级老年大学的工作只能发挥业务指导作用。目前,全区有 2 个盟市、93 个旗县(市、区)老干部局并入组织部,机构整合后还有很多工作需要进一步理顺关系、完善机制、配置人员部署等相关工作。

第三,基层收视点的建设缺乏政策和经费保障,这与地方财政收入息息相关,地方领导首先重点关注的是民生保障方面的工作,然后才是精神文化方面的建设。政策倾斜一目了然。在全国范围内,江浙沪等沿海城市的财政收入较高,向北方内陆城市看属于逐渐降低的态势,民族边疆地区缺乏工业支撑。经济发达地区的老年大学招生办学,地方财政按行政级别和人数补贴资金,老年人可就近选择社区学习,也可以选择市级、省级老年大学就读。内蒙古自治区的旗县级老年教育机构经费紧张,办学规模小、学位紧张,远程教育更是难以开展工作。

第四,远程教育在教学中的位置。究竟是把远程教育课单独设立"远程教育班",还是与课堂教学结合,当作课堂教学的"鉴赏"内容?前者被"老年开放大学"熟练使用,后者被老年大学普遍实施。"远程教育班"线上听课,线下完成作业、搜集整理问题,线上集中反馈,学期末抽选学优生赴现场听课和游学作为年度奖励。

第五,工作人员紧张。旗县一级老年大学,工作人员数量不足,绝大部分工作人员为借调,在人员编制、薪资待遇和人事关系等方面还存在实际困难,上面千条线下面一根针,许多工作是依靠人来执行的,工作压力较大,即便开通了收视点,实际收视情况仍受组织者的热情和精力等影响。

第六,信息不对等、科技普及时效性差。毋庸置疑,信息的不对等会造成许多的弊端,老年教育需要宣传和推广,老年远程教育同理。信息不对等最典型的就是:不晓得自己"不知道什么"。有些老年人对老年教育、老年远程教育不了解,甚至认为老年教育和印象中的学校应试教育一样刻苦。科技的普及也需要一个过程,往往边疆地区和农村牧区属于行政区域的细枝末节,科技普及都相对滞后,老年群体中智能手机和电脑的普及与操作等实际问题在一定程度上影响老年远程教育工作的普及。

第七,年龄带来的生活习惯问题。农村 70 周岁以下的健康老人基本都继续参与农牧业劳作或照看第三代,70 周岁以上的老人不适宜外出集体收视,相比较电视的多频道和丰富多样的节目更适合足不出户地收看。乡村老年人邻里关系融洽、再社会化程度较好,老年群体缺乏学习动力和氛围,老年远程教育不是刚需,课程比不上电视里喜闻乐见的《养生堂》、手机里的新闻和娱乐视频,我们的远程课对这类受众缺乏亮点和吸引力。

第八,农村(嘎查)的农牧民更注重实际受益情况:老年远程教育是否能够满足其农牧业生产和生活需求,是否有实际意义。

第九,合作需要共鸣。无论是老年开放大学还是广播、网络电视等媒体,宏观上讲是两者合作双赢的,推广的过程需要彼此形成共识。大家分属不同,细节上的责任划分、职能分工、主次排列等都需要大智慧,需要上级部门的统筹和大格局者的勇气与担当。

(二)远程课堂管理对学习的有效性至关重要

传统的多媒体播放,开会式的集中收看,缺乏辅导教师,忽视了个体的学习困难。没有好的课堂管理,课堂几乎无法有效进行。另外,远程收视课堂手中无配套的教辅资料,一闪而过的画面,能记忆的知识点有限。根据德国心理学家艾宾浩斯遗忘曲线的规律,24 小时后学习者只记住 33% 左右的内容,6 天后记忆量只有 25.4%,而老年人的记忆量会更低。保持与遗忘是对立的,对以前学习的知识能够回忆起来就是保持。没有配套教材的辅助来保持,对回忆不起来或回忆错了的知识就属于遗忘。遗忘得过多,那么当天的学习也就只剩个知识点存留。

(三)课程本身的因素

一是课程内容把握不够精准。受众被动地选择现有的课程,艺术类课程中不同的教师讲授方法不同,理解也各异,教师需要额外抽出时间和精力收看和挑选远程课程,由此导致教师积极性不高。

二是微课虽是现在很流行的视频课形式,能做到精讲某个或几个知识点,时长较短,可以在手机终端播放。但这类课程碎片化程度明显,尚未形成完整的课程体系。

三是尝试在课程链接里添加附件,把相关的课件(PPT)或教辅文字材料与课程一并上传,让学员在课前几分钟拿到教辅材料,方便巩固知识点。

四是尝试在基层收视点寻找志愿者,给予信息技术和课堂教学方面的培训,加强课堂管理和教学互动。

老年远程教育,任重而道远。内蒙古自治区的同仁们无私奉献,甘于平凡,乐于服务老同志,为内蒙古自治区老年人充分享受改革开放成果,提升生活品质,共同努力。

作者简介:

王伟,内蒙古老年大学教研部科长。

给农民传送技术　为大地播撒黄金

——牡丹江老年大学远程教育课程服务乡村振兴战略调研报告

　　牡丹江老年大学依托"农村党员干部现代远程教育"平台,在全市859个村建立了老年远程教育收视网点。2012年6月27日,"牡丹江农村老年远程教育网络课堂"全面启动,2014年学校被确定为"全国老年远程教育实验区",2018年又被评为"全国老年远程教育示范区"。10年来,学校始终坚持把传送农业实用技术课程作为"网络课堂"的重要内容,把提高农村老年人的文明程度、科技素养、文化自信、致富本领和收入水平作为神圣职责,为服务乡村振兴战略尽绵薄之力。目前,累计传送视频课程(课件)49部,其中农业实用技术13部。全市有近10万老年农民参加了学习,受益者占6成。穆棱市兴源镇北村农民刘世军自编自演快板书《网络课堂进咱村》这样说:"金风阵阵传喜讯,万里山乡起回音。'网络课堂'进咱村,专讲咱们'三农'事。走进网络大课堂,实用技术讲端详。只要跟着科技走,人富村美大变样。"表达了广大老年农民的心声。

一、高站位

高站位就是心无旁骛,办好老年远程教育服务乡村振兴这件事。按照中国老年大学协会远工委课题组要求,我们通过问卷调查、走访,对穆棱市共和乡东升村、太平村老年人现状进行调研。在抽取 200 名农村 60 岁及以上老年人中,60—69 岁"低龄老人"占49%,70—79 岁"中龄老人"占36%,80 岁及以上"高龄老人"占 15%。二轮土地承包后,各家各户的耕地多数都掌握在"留守"老年人手中,他们除了照护孙辈生活学习,还承担大部分或全部生产经营,且当家主事儿说了算,多数老年人思想观念守旧,文化知识缺乏,生产技能落后。这既是制约农业高质量发展的"堵点"、乡村全面振兴的"难点"、农民致富的"痛点",更是我们老年远程教育工作的重点。

落实习近平总书记"全党充分认识新阶段做好'三农'工作的重要性和紧迫性,坚持把解决好'三农'问题作为全党工作重中之重,举全党全社会之力推动乡村振兴,促进农业高质高效、农村宜居宜业、农民富裕富足"。我们牡丹江老年大学作为"全国示范老年大学""全国远程教育实验区、示范区"不能缺位;落实"必须加快农业现代化,把农业农村现代化摆到现代化建设更加重要的位置,推动农业全面提升、农村全面进步、农民全面发展,为经济社会发展大局提供更加强有力的支撑",我们不能空位;落实"发挥在线教育优势,完善终身学习体系,建设学习型社会",我们不能不到位。责任重大,使命光荣。为实现全面建设社会主义现代化国家宏伟目标,我们必须积极主动,自信自觉地融入"进入新发展阶段、贯彻新发展理念、构建新发展格局"的大局之中,集中精力办好自己的事。市老年大学要率先建成老年远程教育实验示范区建设指导中心,优质视频课程(特色教材)研制改造和推广应用中心,课题研究和信息交流服务中心,优秀教师(人才)储备和终端学习收视站点管理人员培训中心;县(市、区)老年大学要搞好辖区老年教育规划布局建设发展、"三人"群体建设指导、培养典型总结经验、调查研究信息反馈和示范校(点)建设五项服务。

二、优选课

优选课就是实事求是,选定让老年农民满意的视频课程。农村实用技术视频课程必须以鲜明的主题来满足老年群众的需求,也就是按需设课。牡丹江老年大学在优化选课上坚持三条原则。一是围绕主导产业。我们先后选定了《选择优良品种确保丰产丰收》《购买化肥的科学》和《正确选用农药确保农产品优质高产安全》三个课件,收到了良好的效果。肉牛是全市四大主导产业之一,我们举办了《肉牛饲养与管理》专题讲座,推介了肉牛集中育肥 18 字口诀,"优良种,标准舍,全价料,防疫病,短绳拴,快出栏",很受养牛户欢迎。王儒行、孙成香一家四口,是因残致贫的贫困户,学了肉牛饲养技术,老两口念着"见母就留,得牤就卖"生意经,起早贪黑,精心饲养。几年下来,可繁母牛存栏 12 头,每年都能卖几个牤牛犊儿,彻底摆脱了贫困。二是适应生态环境。牡丹江地形以山地、丘陵为主,为"八山半水分半田",属中温带大陆季风气候,素有北国"小江南"之称。这就要求我们在农业技术讲座上要做到"适地适选(课),适地适种"。防风为大宗药材,我市有种植防风独特的地理和气候优势,是"地道药材",市场需求大,销售有保障,药农有赚头。2014 年,我们请高级农艺师孟凡科主讲《中药材防风高效种植技术》,上传后很快发酵,由最初一个乡镇 450 亩发展到 5 个乡镇 4 000 多亩,产值 1 600 万元,户均收入 3 万多元。2020 年秋,我们到宁安市江南乡东安村走访调研,果农李士军是果树栽培的带头人,他最大的希望是强化科技培训。我们深受启发,把《万亩荒山飘果香》选题列入了 2021 年视频课程。三是开发特色产品。我们制作的《金瓜银籽富农家》白瓜籽栽培技术视频课程,宣传东北农业大学科研成果"良种 + 良法"种植新理念,使农民尝到了甜头。穆棱市共和乡立新村冯兴德 63 岁,2019 年他承包了 100 亩山坡地种白瓜籽,总产 2 万多斤,收入 14 万元,净收益 7 万多元。冯兴德逢人便说,他算铆上了,是

"金瓜银籽"让他这个往日家里的"拖油瓶"变成了发家致富的香饽饽。《双手捧起黑元宝》黑木耳视频课程,宣传穆棱市下城子镇悬羊村食用菌农民合作社"棚室集约化管理"新技术,拍摄基地悬羊村当初是远近有名的贫困村,在村委会主任徐敬才的带领下,闯出了一条"科技 + 合作社 + 农户 + 基地"产业模式,全村菌农达 400 多户,户均年纯收入 15 万元,还带动建档立卡贫困人口 41 人脱贫致富。2018 年获第 8 批"全国黑木耳一村一品示范村"称号、2019 年"悬羊砬子"食用菌被评为"国家农产品地理标志产品"、2020 年成为牡丹江市唯一入选"全国乡村特色产业亿元村"。视频课程的播出,极大地促进了牡丹江全域食用菌产业发展,符合牡丹江市委、市政府"调结构,促增收"打造"全国食用菌之都"战略。我们在视频课程选题上还特别注重挖掘身边农民致富典型,这些典型来自村民致富能人、优秀党支部书记、自主脱贫的贫困户和合作社负责人不同层面,由他们"代言"自己的致富项目,当地群众看得见、摸得着,更真实可信,更有共同语言。俗话说:"橘生淮南则为橘,生于淮北则为枳。"取"近水"更解渴,较好地解决了"水土不服""消化不良"的问题。

三、精制作

精制作就是坚持标准,让老年农民听得清,看得真,记得住,能致富。农村老年远程教育,特别是实用技术课,要提高培训的针对性和实效性,既要突出理论,又要注重实践,真正做到贴近农村、贴近群众、贴近实际。这就要求我们老年教育工作者,要换位思考,把握老年农民心理和生理特点,用直白的语言、浅显的道理、直观的演示、真实的场景,用心用情去面对渴望新知识、新技术、新信息、新成果的老年农民。传统的农业培训课件"一张桌子、一台电脑、一名老师"已不能满足新时期老年农民对启发式、参与式、体验式、互动式学习方式的需求。因此,我们以"大地"为课堂,以农民为主角,让老年农民亲身体会作物生长的变化,直观看到全周期全产业链生产经营的过程,真实感受丰收后农民手捧真金白银的喜悦。牡丹江老年大学农业实用技术课程制作团队,聘请了国家一级导演(退休)加盟,制作中不仅要满足技术技能的需求,同时融入地方文化底蕴。在表现手法上有特写,有航拍,适当加入音乐,字体要大一些,游动字幕要慢一点,解说要用普通话,让枯燥的农业实用技术学习也可以赏心悦目。随着生活节奏的加快,"45分钟"一节视频课程已不适合新时期老年朋友的学习习惯。以黑木耳栽培为例,我们按菌种培育、菌棚管理和采摘晾晒三个关键环节,将视频课程剪辑成上中下三集,每集5—10分钟。老年农民可以根据自己需求和时间在学习上更有主动性、灵活性,学习效果更加明显。为方便老年农民联系,给他们解疑释惑,每部视频课程结束,都留有主讲老师和工作人员咨询电话。

四、广传播

广传播就是通过网络直播,把农业实用技术传送到千家万户。网络远程教育已经摆脱了传统教学模式,只要上网就能第一时间掌握知识,学会技能。牡丹江老年大学公众号直播平台于2017年建立,设有8个频道。主要是老年大学远程教育课程(视频课程)线上传播、学校大型活动社会重要活动直播、全国各地老年大学连线共享交流。2019年,经全国远工委牵手,我们得到上海老年大学远程信息办的支持,将上海老年大学"乐学大讲堂"名家讲座,与牡丹江老年大学远程教育直播平台连线,使全市农村老年学校课堂教学学习和课外活动,在实现"三级跳"之后,又升一级,直接进入了国家级水平,引领数十万农村老年人和全国老年朋友同步进入了数字教学时代,让山沟里的老年人走出牡丹江,看到了"大上海"。直接把农业实用技术课程送上了"云"车道。为了尽快适应快速到来的"收获",使老年朋友不"迷路",真正享受获得感、幸福感和安全感,我们还要做一些"笨"工作。一是编制好农业实用技术课程总课表(全年授课计划)让老年农民"一年早知道";二是充分发挥农村老年远程网络教育"三人"群体和村、镇农业技术员、脱贫致富带头人的引领示范作用;三是指导老年农民学会用智能手机,通过利用牡丹江老年大学公众号发送的链接,同步在线收看学习农业实用技术视频课程和回放点拨。

征途漫漫,唯有奋斗。我们将始终不渝牢记习近平总书记"藏粮于地,藏粮于技"的嘱托,给农民传送技术,为大地播撒黄金。

向着新征程,我们再出发!

作者简介:

陈雷,穆棱市共和乡副乡长、农艺师。

王维丰,牡丹江老年大学原校长。

江苏农村老年教育探讨

新时代基层农村老年教育应如何认识和推进,我们带着这个问题,选择了我省苏南、苏中、苏北部分县区——省会城市南京市江宁区,苏南地区的苏州市吴江区、常州市新北区,苏中地区的南通市港闸区和如东县、泰州市兴化市,苏北地区的徐州市邳州市、淮安市淮安区共 8 个地方的农村老年教育材料进行分析研究,现将基本情况和主要观点综合提炼如下。

一、江苏农村老年教育基本情况

改革开放以来,江苏农村老年教育工作有两条主线。一是农村成人教育工作。虽然是以成年人为教育对象,但老年人也包括其中。另一是农村老年教育工作。农村成人教育工作是教育部门主导和推进的,而农村老年教育工作是老龄部门主导和推进的。近 5 年来,在基层农村,两部门相互配合,两方面资源相互整合,同时整合民政、文化、体育、农业、科技、卫生等资源,共同推进老年教育发展。另外,长期以来,以促进和配合农村经济和农业生产项目为任务的教育培训工作,老年人也是其中受教育者。

　　江苏农村成人教育是教育部门明确的一项工作职能,长期坚持不懈。1981年开始,逐步加强了农村成人教育基地建设。2011 年,江苏省教育厅启动"标准化社区教育中心"和"标准化社区居民学校"创建工作。截至 2017 年,全省 999个乡镇(街道)社区教育中心建成省级标准化社区教育中心,5 360 个社区居民学校达到江苏省社区居民学校建设标准。从 1978 年到 2019 年,农村成人教育队伍逐步规范化和专业化。1992 年开始,要求乡镇教育中心校按每万人口1.5—2 人的比例,配备专职老师。目前,专兼职干部和教师超过 5 万人。2012年后,江苏省教育指导服务中心和各市终身学习指导服务中心相继成立,通过教师培训、项目实验、指导示范基地建设等,促进了农村成人教育队伍建设的规范化和专业化发展,如开展乡村振兴教育、建立 42 个教育服务"三农"示范基地、教育服务乡风文明建设、教育服务美丽乡村、新型职业农民教育培训、打造"农村社区教育培训优秀品牌"、远程教育等,受教育者中 30% 是农村老年人。2018 年省教育厅正式出台文件《加快发展老年教育行动计划》,要求"乡镇(街道)社区教育中心也要强化老年教育,有条件的要设置老年学校,居(村)民学校要设立老年学习点,实现老年学习机构全覆盖"。首次明确提出农村老年教育工作任务,使农村老年教育工作成为成人教育和社区教育中的专项任务。

　　江苏农村老年教育工作,从 20 世纪 80 年代开始,老龄工作部门就积极主动推动过。但由于机构改革,老龄部门的变化,这项工作部门职能分工不清,一直不稳定,时好时差。到 2019 年年初,全省乡镇(街道)老年学校 897 所,社区(村居)老年学校(分校)和教学点 11 573 个,其中老年远程教育收视点 1 677 个,有233 万人次参加学习。老年教育更加丰富,从服务农业生产延伸到服务提高生活质量,从提升农业技术延伸到提升文化素质,从围绕农村经济建设延伸到以老年人幸福为本。近年来,农村老年教育的快速发展,其主要来自老龄和教育部门的共同推进,来自农村成人教育资源和农村养老服务资源的发展和利用。

　　关于农村老年远程教育工作,虽然,我省有多个教育网络平台,如江苏智慧教育云平台、江苏空中老年大学、江苏学习在线、夕阳红·老年学习网、江苏数字电视、党员干部现代远程教育等网络平台,开设有适合农村老年人学习的课程和内容,省教育厅在老年教育行动计划中,把老年教学资源库建设作为一项重点,其中,立项的种植、养殖课程也是适合农村老年教育的课程。但是,江苏至今没有一个部门有目标、有任务、有步骤、有措施地整合社会各种相关资源和平台,有计划地推进针对农村老年人的农村老年远程教育工作。

二、江苏农村老年教育工作主要做法

1. 以"六有"基本要求推动农村老年教育

至今,老龄部门和教育部门的基本要求及考核是:有牌子、有班子、有计划、有经费、有教学、有记录。还有地方根据本地情况,提出"八有""十有",增加有领导、有场所、有专人、有教材、有学时(不少于 20 学时)、有网络、有电教、有检查、有鼓励等要求并对各项要求具体细化或提出数量指标。这些要求,看似简单,但确实有效推动了农村老年教育工作。

2. 充分利用教育和养老等资源

依赖社区教育中心、社区居家养老服务中心设施和人员,与农村文化、卫生、体育、农业、科技专业资源整合,支撑农村老年教育运行。近十年来,农村社区教育中心和社区居家养老服务中心的设施条件和人员配置得到了快速发展,一方面需要老年教育充实内涵,另一方面为老年教育创造了较好的教学基础。在农村老年教育专业内容上,更要发挥农村文化、体育、卫生、农科等资源帮助作用,如卫生保健课与社区卫生中心合作举办,农业技术课与农科所合作举办,文化课与文化活动站合作举办等。

3. 发挥老同志作用

由于农村老年教育在法规和机制上还不成熟,上级要求不明和部门分工不清,工作的好差取决于领导是否重视,而有影响力的老同志在争取领导重视上有绝对的优势。南京江宁区两任老年教育协会领导由刚退下来的区人大主任担任,他们能够直接向区委书记汇报工作,争取支持,使江宁的基层农村老年教育一直走在全省前列。有些地方农村老年教育早期与老年协会、老年体育协会三块牌子一套班子,依靠退下来的老书记、老乡镇长、老教师、老文化人、老民政干部开展这项工作,节省人力。至今,各地社区老年学校仍然聘请老同志担任副校长,承担日常工作。

4. 发挥社会体育指导员作用

江苏省社会体育指导员有 30 万人,在全民健身活动中进行技能传授和体育指导,他们的工作对象大多数是老年人,在传授和普及老年人健身操和健身舞方面起了重要作用,农村中老年人健身舞、广场舞参与人数不少于 300 万。

5. 发挥县区老年大学的辐射作用

县区老年大学可为乡镇老年学校提供教学指导和教师支持,培养教师、辅导员和骨干力量,组织开展交流活动。南通港闸区老年大学向农村社区延伸,建立了 17 个教学点。如东县 14 个乡镇中有 10 个乡镇建立了县老年大学分校,4 个乡镇正在申请成立分校,县老年大学统一考评。苏州市吴江区以区老年大学为主导,成立"社区老年教育健康养老大讲堂"讲师团,深入镇、村(社区)开展宣讲,每学期 10 多位老师,40 多个专题,60 多场次,受教育近万人次,深受老年人的欢迎。同时,区老年大学承担在全区范围内举办老年人文化艺术节,连续五年五届,区镇村级联动,23 个项目,参与人数 5 万多人,被区社区教育领导小组列为品牌项目。南京市江宁区老年大学为社区老年学校培养骨干。徐州市邳州市老年大学为带动全市各镇老年学校的同步发展,选取占城、官湖镇老年学校给予"重点帮扶",2016 年无偿捐赠给帮扶学校电脑 50 台,空调 10 台,电子琴 40 架、课桌凳 200 套,书籍 5 000 册,价值十多万元。积极发挥区老年大学示范、引领、指导、支持、服务的作用,对带动本地区老年教育的提升具有重要的作用。

6. 把农村老年教育列入政府综合考核内容

例如,南京市江宁区农村老年教育实现了街道(乡镇)和社区全覆盖。现有老年大学(分校、学校)238所,其中区老年大学1所,街道老年大学12所,集镇分校9所,敬老福利院老年学校14所,社区老年学校202所。教学延伸点89个,老年人入学人数64 968人,入学率33.1%,在线、网络学习37 645人,在校在线参学总人数102 613人,参学率52.2%,这个比例在全省是排在首位的。之所以有如此好的形势,关键是江宁区老年教育被列入每年区常委会议事日程,真正列入了区委区政府对乡镇(街道)工作每年目标管理综合考核内容并建立了一套考核指标体系和奖励机制。

7. 发挥老年教育工作协调机构和老年教育协会作用

由于老年教育工作内容和资源涉及多个部门和单位,需要有一个机构作为政府的参谋助手,提出规划建议、协调整合、指导推动、编辑教材、督促检查等,以利政府决策及措施落地。南京市江宁区成立了区老年教育工作委员会和区老年教育协会。区老年教育工作委员会,由区领导牵头,相关部门领导参与,协调各部门支持老年教育工作。区老年教育协会由区退离一线的老领导担任会长,区和乡镇(街道)老年大学参与,积极发挥党委政府的参谋助手作用和协调全区老年教育工作。苏州市吴江区由区领导牵头成立社区教育领导小组,以区老年大学为主,各乡镇老龄办和老年学校负责人参加成立老年教育协会,统一计划和协调开展老年教育工作。现全区有区老年大学1所,各区镇老年大学8所,分(部)校17所,街道、村社区老年学校或教育点445个;注册就读学员66 946人,占全区户籍老年总人数235 400万人的28.44%。徐州市邳州市和乡镇都成立老年教育领导小组,统筹协调,推进老年教育工作,全市各类老年学校已有21所,学员16 000多人。

8. 根据老年人需要不断丰富教学内容

随着农村经济的发展,农村老年人生活保障和生活环境的变化,学习需求更加多元化,各地农村老年教育适应农村老年人需求,内容越来越丰富。教学课程主要有几大类:

(1)农业技术类:常州市新北区奔牛镇安排6万元培训瓜果蔬菜栽培技

术。南通市如东县曹埠镇为 50 多户培训芦笋种植技术。泰州市兴化市沈轮镇为 153 户培训薄壳山核桃种植技术,种植 800 多亩,每亩补贴 100 元。对包括农村老年人在内的技术培训项目很多,诸如,草莓种植、茶叶园艺、新品种禽畜养殖、河蟹养殖、龙虾＋青虾＋螺丝虾养殖、泥鳅养殖、多种葡萄品种(阳光玫瑰、夏黑无核、醉金香、黑巴拉多、红巴拉多、金手指、雄宝、美人指、东方之星、奇高等)种植、黄金梨和秋月梨栽培技术等。

(2)身心健康类:健身舞、健身操、形体舞,太极拳、太极剑、太极扇、太极球,卫生知识和传染病预防,高血压、糖尿病等慢性病防治,食疗,中医保健,老年心理保健,养生气功、瑜伽,等等。

(3)文化艺术类:声乐,戏剧,书法,美术,摄影,民族舞、广场舞、交谊舞,模特礼仪、服饰模特,刻纸和剪纸,空竹,花卉,电子琴,国学,诗词、旅游文化等。

(4)生活技能类:电脑、智能手机、微信,烹饪等。

(5)文明素质类:普法教育、环保教育、文明礼仪、思想道德教育、时事政治报告、人际关系,新职业农民教育。

(6)地方文化类:地方发展史,地方人物志,地方红色文化,地方古代历史,地方戏,乡规民约等。

江宁区湖熟街道老年大学课程有老年普法教育,提高社区老年人遵纪守法自觉性;心身保健教育,提高老年人健康素质;"家长教育",增加爷爷奶奶处理好家庭关系和现代育儿知识;创建文明社区教育,开展"社区是我家,人人关心它""新世纪、新形象""新时代老年人"等讲座和讨论,开展"爱党、爱国、爱社区、爱家庭"系列学习教育活动,引导老年人处理好各种利益关系,促进社区文明建设;职业技能教育,帮助从事农业生产的老年人掌握技能,提高致富能力。

9. 多种形式开展农村老年教育

老年教育与服务"三农"相结合,与新农村建设和美丽乡村建设相结合,与带领农民共同致富相结合,与树德育人、弘扬正能量相结合,与公司＋农户经济项目相结合,与文化体育活动相结合,与医疗保健相结合,与动态养老(乡村旅游)相结合,形式多样,寓教于乐。组织讲师团,开办大讲堂,举办培训班,开展定期讲座,现场传授、师生互动和个别指导,印发技术资料,组织和扶持老伙伴客厅,推广微课,组织播放和收视网络课件、老电影,把教育与养老院、读书读报小组、健身队、文艺队活动相结合,树立典型,示范引领等。

10. 利用互联网和远程教学资源

教室、老年活动室、多功能厅配置大型视频,与老年远程教育平台对接,充分利用网络教学资源,开展老年远程教育。培训老年人使用智能手机,学会接受教学视频,学会微信多功能使用,开展随时、随地学习和交流、展示活动。

三、江苏农村老年教育存在的问题

1. 缺少主管或牵头部门

党和政府是一切工作的主导,但是具体工作必须归属到政府一个具体部门来承担,至今,江苏还没有明确政府某个部门承担或牵头全省老年教育统筹规划、组织协调、基础建设、督促检查、管理监督、考核奖励的职责。各地方领导重视度高,经费落实,措施得力,就发展得好,相反,则停滞或倒退。

2. 缺少有效机制

不仅是农村老年教育,整个老年教育虽然有 30 多年的历史,可以说主要靠老同志自下而上的推动,取得了辉煌的成就,但至今也没有成熟的自上而下的促进机制。老年教育涉及多部门、多单位、多资源,需要有效的领导机制、管理机制、投入机制、整合机制、激励机制和持续发展机制。目前,各地有各地的做法,各显神通,有的一时很光鲜,却因领导人变动难以持续长久。

3. 缺少总体规划

农村老年教育是一个新课题,工作定位是什么,工作性质是什么,基本任务是什么,教学内容是什么,职能部门是谁,发展要素如何提升和整合,发展步骤如何确定,教学资源建设如何推进等,没有顶层设计和安排。

4. 缺少师资和教材

农村老年教育与城市的最大区别是教师和教材的缺少,特别是省会城市,高校多,教师来源多,而农村不具备丰富的教师资源,也没有专门的单位研究和编写农村老年教育教材。

5. 缺少组织人员

新农村建设任务重,行政和事业编制很少,经费又困难,各项工作都需要人手,老年教育很难安排专职人员。因此,这项工作难以稳定持续。

6. 缺少经费安排

农村老年教育经费应该从哪里列支,没有明确规定。经济发达地区,领导重视总有办法。经济欠发达地区相对困难。总体来说,大多没有稳定的经费投入机制。

7. 发展差异较大

苏南、苏中、苏北农村老年教育明显相差很大。发达地区之间也相差很大,如南京江宁农村全覆盖,而南京有的区相差甚远。苏北也有一些欠发达县区比苏南一些发达县区将农村老年教育发展得更好。

8. 线上教学落地难

网络线上远程教育资源很多,江苏学习在线、江苏空中老年大学、广电总台网络平台、数字电视平台等多个全国老年教学平台,都可以利用,但是,很难广泛落地,一是缺少专人组织,二是线上缺少线下的聚会感、互动感。

四、农村老年教育推进探讨

做好老年教育,涉及的发展要素包括:老年人的学习需求、明确的教育目标、牵头或管理的政府部门、承载的教育机构、教学场所、组织者、教师、教材、教学形式、经费和整合资源机制等。目前农村老年教育发展要素如何?

1. 农村老年人学习需求与日俱增

农村老年人学习需求是农村老年教育的根本动力和依据。党和政府的宗旨就是逐步满足人民群众对美好生活的需求。一是随着老龄化的加速,农村老年人也越来越多,老年期越来越长,庞大的农村老年群体的较长的老年期生活如何安排,已经成为新时代的新需求。二是随着农村经济和农业现代化的发展,老年人的经济保障水平提高,劳动被迫性下降,生活质量需求,尤其是文化养老需求逐步提高。三是传统的农业经验难以适应新的农村经济发展,高效农业、设施农业、观光农业、现代农业、农业机械化、乡村旅游业以及适应市场需求的新品种养殖种植,都需要培训学习。四是新农村建设,农村城镇化,农民集中居住,生活方式和人际交往也较过去发生了很大的变化,许多东西需要学习。五是随着互联网生态的形成,基本生活技能都需要重新学习。六是随着年龄的增长健康需求愈来愈突出,养生保健和慢性病康复教育受到欢迎。七是子女文化水平较高,老人与子女在养教孩子、生活方式、卫生习惯、思想观点上的冲突,也需要通过学习来调整。因此,发展农村老年教育是时代的需要。

2. 农村老年教学条件已有基础

一是可用作老年教学的场所较多,全省农村社区教育中心、社区居家养老服务中心、社区多功能厅,已经较为普及,而且设备设施条件较好,都可用于老年教学。二是在城镇化的过程中,乡村农民,尤其是苏南农民普遍集中居住,为集中教学创造了便利。三是农村经济的发展,相对于老年教育微不足道的经费开支,只是认识问题,不存在多大困难。四是网络已经全省农村全覆盖,老年教学网络资源丰富,为解决农村老年教育师资、课程、教材问题创造了较好的条件。因此,开展农村老年教育已经具备必要的基础条件。

3. 农村老年教育定位

党的十九大报告指出:"办好继续教育,加快建设学习型社会,大力提高国民素质。"2016年《国民经济和社会发展第十三个五年规划纲要》在第五十九章"推进教育现代化"第四节"加快学习型社会建设"中明确提出"发展老年教育"。新时代农村老年教育应该是以提高老年人素质为目标,作为学习型社会建设和终身教育体系的重要组成部分。

2000 年,中共中央、国务院《关于加强老龄工作的决定》明确要求"各地要重视发展老年教育事业"。2015 年新修订的《老年人权益保障法》第三十一条规定"老年人有继续受教育的权利。国家发展老年教育,鼓励社会办好各类老年学校。各级人民政府对老年教育应当加强领导,统一规划"。新时代应对人口老龄化是时代的主题,老年教育是应对人口老龄化战略的重要组成部分。

农村老年教育与普通老年教育还有一点区别,与"三农"(农业、农村、农民)问题密切相关,许多地方由于青壮年进城务工,农村老年人是农业生产、农村建设的主力军,占到 30%,因此,农村老年教育还是农村工作的重要组成部分。

推进健康中国建设是一项国家战略目标,预期寿命的提高是一项硬指标,而要提高预期寿命和全民健康水平,主要对象是数量庞大的老年人,而老年人预期寿命和健康水平的提高,健康教育是投资少、效益高的有力措施。因此,老年健康教育是卫生和健康工作的重要组成部分。

从老年教育内在需求看,我国老年教育起步时提出的宗旨:"增长知识、丰富生活、陶冶情操、促进健康、服务社会",受到普遍欢迎。老年教育"学、乐、为"相结合的办学方针,办成老有所学的课堂、老有所乐的舞台、老有所为的阵地、精神文明建设窗口、文化传承与创新平台,也被广泛接受。因此,农村老年教育也是老年人提升幸福生活的重要组成部分。

4. 农村老年教育主要问题解决办法

当前,农村老年教育存在缺主管、缺规划、缺人、缺钱、缺师资、缺教材、缺促进机制等问题。重点应解决以下几个问题,其他问题将迎刃而解。

首先,明确牵头或主管部门。老年教育包括农村老年教育已经不缺法律和党的意志依据,政府责任早就很明确,也不缺社会热情和资源,老年人欢迎,社会力量想办,许多单位也有条件开展,就是没有落实到一个政府职能部门统筹规划、指导、协调、认可、监管、鼓励,以致已有的政府决策没有落实。从多年来各地实践看,教育部门牵头最合适,从概念到职责,从管理体系到教学资源,从人员到经费都比其他部门更合适。老龄部门作为一个协调机构,也可以牵头,但是,协调机构不是稳定的机构,而且,老龄机构下面也没有相关实体单位,历史已经证明,许多地方老龄工作部门曾经推动老年教育轰轰烈烈,后因机构变化而无声无息。

　　其次,完善促进机制。老年教育包括农村老年教育,涉及多部门,社会资源分布于多领域,机制建设关键要解决多部门的协调、社会相关资源的整合利用和稳定持续发展问题。要着重建立领导和协调机制、稳定的投入机制、资源整合机制和发展激励机制。这是一个需要实践探索的课题。南京市江宁区老年教育被列入每年区常委会议事日程,列入区委区政府的每年目标管理考核,并建立了一套考核指标体系;形成了区委区政府领导,区老年教育工作委员会协调,区老年教育协会协助,区老年大学指导和服务,街道责任主体,成人教育中心融合的管理机制。各街道领导担任老年学校领导,成人教育中心负责人担任老年学校常务副校长,领导人变动,老年学校领导相应变动调整。领导到位,分工到位,责任到位,用机制为老年教育发展提供保障。苏州吴江区老年大学成立由区民政局、教育局等 14 个部门组成的校务委员会,决策重大事项,成立由区老年大学为主导,各乡镇老龄办、老年学校为理事和会员单位的老年教育协会,统筹协调推进全区老年教育工作。徐州市邳州市建立市和乡镇老年教育领导小组,坚持老年教育列入党委议事日程,纳入财政预算,纳入发展规划,纳入目标管理。南通市如东县镇老年学校要求由一名镇负责同志兼任校务委员会主任和校长,老年协会会长或老干部总支书记任校务委员会常务副主任,负责协调工作,社区教育中心主任担任常务副校长,负责日常工作,老年学校与社区教育中心署名办公。常州新北区街道组建由党工委、老龄委、党政办、财政分局、纪工委、社会事业科、文体站等部门组成的校务委员会,归口社会事业科,聘请有能力的老同志担任执行校长。

　　最后,大力发展农村老年远程教育。农村老年教学最短缺就是教师、教材、课件,而借助于网络远程教育平台,是解决农村教学资源短缺的最好办法。可以作为教室的场所要配置网络和大型视频,要与全国、省、市开放大学和老年大学以及多种老年教学平台对接,组织培训辅导员和社区领导,培训老年人运用手机技能,组织学习互动交流群。省市县教育、老龄、卫生、农科等机构,积极开发适用于农村老年人远程教育的课程,建立农村老年教育教学资源库,利用网络平台组织开展老年人学习交流和成果展示活动,满足农村老年教育需求。

作者简介:

牛飚,江苏省老年大学协会专家。

安徽省老年远程教育服务乡村振兴战略课题报告

一、发展老年远程教育,助推乡村振兴战略实施

党的十九大报告对新时代我国社会主要矛盾作出新的判断,并作出实施乡村振兴战略的重大决策部署。《中共中央 国务院关于实施乡村振兴战略的意见》指出:当前,我国发展不平衡不充分问题在乡村最为突出。实施乡村振兴战略,是解决人民日益增长的美好生活需要和不平衡不充分的发展之间的矛盾的必然要求。

乡村振兴是解决发展的结构性问题而作出的战略决策,为当前基层老年教育提供了重大发展机遇。发展老年远程教育,一是能有效推动引导城市优质资源向农村流动,缩小老年教育的城乡差距;二是通过远程技术手段打造送思路、送政策、送技术的线上课堂,支持乡村人才振兴工程,发挥农村老年人力资源优势;三是通过资源建设弘扬乡村文化和传统文化,宣传社会主义核心价值观,建设法治乡村,提升德治水平。

二、安徽省老年远程教育基本情况

安徽省是人口大省之一。2018 年末全省 60 周岁及以上人口 1 159.7 万人,占安徽省总人口的 18.34%,"十三五"期间老年人口将超过 1 200 万人。省委省政府高度重视老年教育工作,以扩大老年教育供给为重点,加快健全体系,创新体制机制。在各方面的共同努力下,全省老年教育办学条件逐步改善、办学规模不断扩大、办学水平稳步提升。近年来在中国老年大学协会远程教育工作委员会的指导下,安徽省不断推进远程教育的实施,主要取得了以下几方面进展。

一是强化组织领导。成立远程教育工作领导小组,建立省、市、县分层负责、分级管理的领导机制,有组织、有规划、有措施、有实效地推进老年远程教育。

二是建立教学网络。依托基层老年学校、党员学习中心、社区学习中心等场所,建立老年远程教育教学点。截至 2018 年年底,全省共有老年远程教育教学点 2 811 个、注册学员 228 880 人。六安市金安区三十铺镇红旗村老年学校等 5 个单位被评为全国老年远程教育优秀收视点,2019 年又有 6 个单位获评。

三是建设实验区和示范区。先后建立庐江县、临泉县、颍上县、宿州市埇桥区、六安市金安区、和县、繁昌县、天长市等 8 个全国老年远程教育实验区;全国老年远程教育示范区 1 个,为临泉县。

四是重视硬件设施建设。加强远程教育终端站点的规范化、制度化、现代化建设,如庐江县全县镇、村(社区)老年学校都统一配备了投影仪、大屏幕、笔记本电脑等远程教育设备,村里的老人们通过远程系统可以收听收看全国知名专家讲座。

五是开展课题研究。2019 年有四项课题获得全国老年远程教育研究课题立项。

根据安徽省老年大学协会《2018 年老年教育情况调查统计表》显示,截至 2018 年年底,全省共有 5 882 所老年大学(学校),其中基层老年学校 5 735 所,年末在校学员数 665 407 人、801 592 人次。其中老年远程教育网点数为 2 811 个、注册学员人数为 228 880 人,相比《2017 年全省老年教育情况调查统计表》中老年远程教育网点数为 333 个、注册学员人数为 36 882 人,分别上涨了 744%、521%。

三、安徽省基层老年远程教育发展现状调研

老年教育要完成《规划》"20%"的规定动作,任务在基层、困难在基层、问题在基层,发展老年远程教育是为了"完成任务、克服困难、解决问题",重点也是在基层。2019 年省老年大学协会远程教育工作委员会组织在全省开展老年远程教育调研,重点了解县、乡两级老年大学远程教育开展情况。由协会领导带队,深入多个县、区、村教学点进行实地考察调研,与基层老年学校负责人面对面进行交流沟通。在 2019 年 6 月召开的"全省基层老年学校负责人培训班"上,对 350 余名基层老年学校负责人进行远程教育培训,并发放了调查问卷。

全省近 70 所基层老年教育机构参与了本次调查,以街道乡村级老年学校与市县级老年大学为主,分别为 76.65%、19.76%,共占比 96.44%。由机构的负责人填写问卷,回收有效问卷 167 份。

(一) 问题及需求

通过问卷调查和座谈,基层老年远程教育主要存在以下问题和需求。

1. 远程教育专职人员配备不足

接受调查的学校中,约有二分之一的学校,现有从事专兼职服务老年远程教育的工作人员配置为 1—2 人;另外,没有配备老年远程教育专兼职工作人员的学校,约有四分之一。

2. 远程教育设备配置不足

60% 以上老年教育机构配备有电视、电脑、投影仪等设备,49.7% 的机

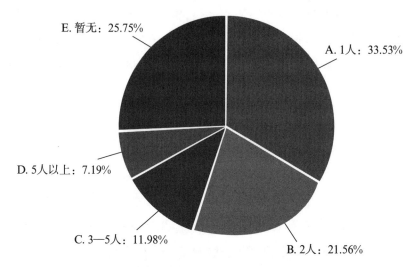

图1 老年远程教育专职工作人员配备情况

构具有网络条件。说明并非所有基层教学点都具备开展远程教学的实施
条件。

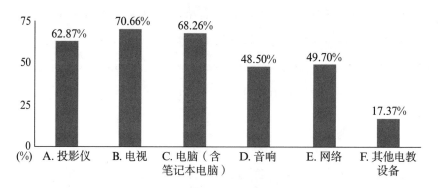

图2 远程教育设备配置情况

3. 远程教育活动开展较少

基层老年学校，每年利用远程教育资源和远程手段经常性开展老年教育活动的占30.54%，有时开展的占34.73%，很少开展的占34.73%。

4. 经常性参与远程教育的老年人较少

经常性参加老年远程教育活动人数在50人以上的教学点仅占27.54%。

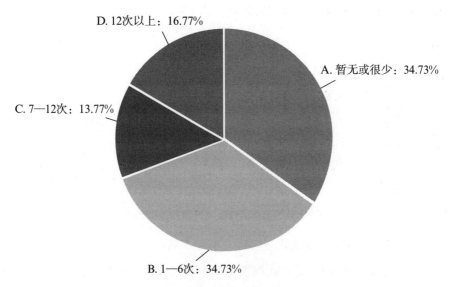

图3　每年开展老年远程教育活动次数

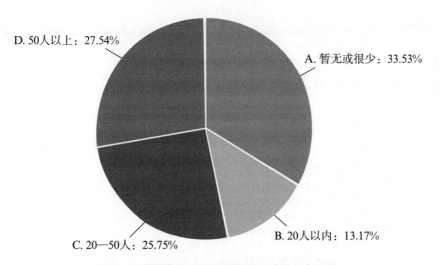

图4　经常性参加老年远程教育活动的老年人数

5. 远程教育保障措施不力

基层管理者认为制约目前老年远程教育开展的主要因素,除了人员配备不足(61.68%)、设备场所欠缺(51.50%),还存在资金支持不足(60.48%)、农村老年远程教育体制机制不完善(49.70%)等问题。

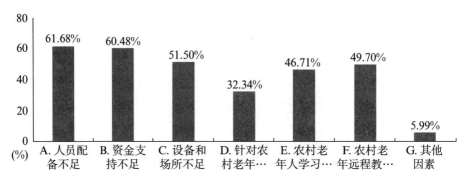

图 5　制约老年远程教育开展的主要因素

6. 远程教育课程资源建设与实际需求存在偏差

各级学校最常使用的老年远程教育资源有时事政治、社会主义核心价值观教育类(61.68%)、常见老年疾病防治类(59.28%)、养生锻炼类(53.89%)。

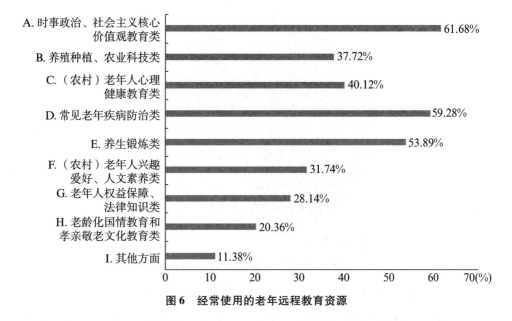

图 6　经常使用的老年远程教育资源

其中,常见老年疾病防治(75.45%)、养生锻炼(56.29%)、老年人心理健康教育(55.09%)等类型的教育资源较受欢迎。

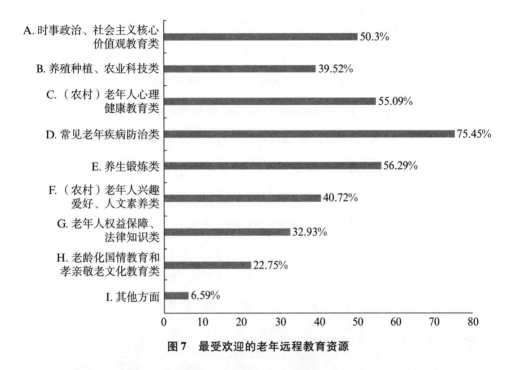

图 7　最受欢迎的老年远程教育资源

目前基层相对缺乏的老年远程教育资源主要是老年人心理健康教育类
（52.69%）、常见老年疾病防治类（44.31%）、养生锻炼类（43.11%）、老年人兴趣
爱好与人文素养类（30.54%）、养殖种植、农业科技类（34.73%）等方面内容。

调查也反映出，比较受老年人欢迎的远程教育资源类型有电视节目、网络视
频、直播课程或讲座类，受欢迎程度与现场授课相当。

通过问卷调查和座谈，基层管理者对我省老年远程教育的建议主要为加强
网络平台建设和应用，科学建设、有效整合远程教育资源，加大培训与宣传力度，
加强人员配置与资金支持，强化远程教育服务质量的考核，建立远程教育示范校
评选标准等。

（二）存在问题的原因分析

老年远程教育产生上述问题的原因，既有主观方面的，也有客观方面的，既

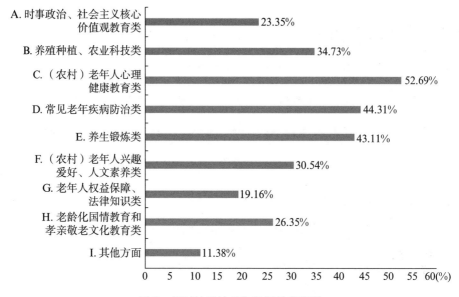

图8　相对缺乏的老年远程教育资源

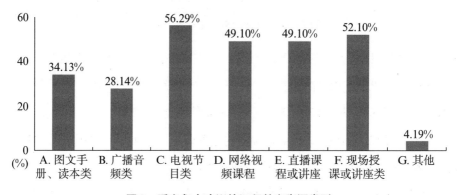

图9　受老年人欢迎的远程教育资源类型

有外部矛盾,又有内部矛盾。主要从以下几个方面查找根源。

1. 对远程教育的认识不高

对老年远程教育的公平性认识不足。老年远程教育是实现老年教育公平性的重要途径。针对城乡社区老年教育发展不平衡的局面,不仅可以有效破解基层老年教育机构在师资、教学、教材等方面资源不足的难题,而且可以缓解省市级高端老年大学"一座难求"的背后所隐含的"优质教育资源过于集中"所导致的教育不公平。同时,远程教育的进步会推动老年学习者个性化学习环境的搭建和个性化学习需求的满足,有助于保障因地域、年龄、身体、心理等因素不能在校集中学习的老年人受教育权利。

对老年远程教育发展的趋势认识不足。对发展老年远程教育的现实紧迫性认识不足。如何在 2020 年达到或接近《规划》指标要求,是摆在所有老年教育机构和老年教育工作者面前的紧迫任务,而大力推进老年远程教育是重要的解决途径之一。

2. 远程教育投入不足

远程教育人力资源投入不足。有效开展老年远程教育需要三支队伍:一是懂老年教育基本规律的远程教育技术队伍;二是懂信息化应用的老年教育教师队伍;三是基层教学点的辅导、支持、服务队伍。目前这三支队伍的构成主要存在不专职、不专业的缺陷。根据 2018 年统计数据,全省老年大学系统编制人员数 305 人,其中省市两级 78 人,县区级 124 人,乡镇村及其他 103 人。

远程教育的资金、设施设备投入不够。由于涉及较多与信息化发展相关的技术、应用、设施设备,因此在远程教育开办之初,需要投入较多资金用以购置软硬件设备,购买、建设数字化学习资源,搭建网络平台和资源配送渠道,并做大量的应用推广培训;对于教学点来说也需要配备收视相关的音视频设备及网络接入。同时随着社会进步,信息技术发展和设施使用损耗等因素,远程教育的运行维护也需要资金持续投入。因此,要系统开展老年远程教育需要相对充足的启动资金和相对固定的运维经费。

3. 远程教育平台应用培训与宣传力度不够

基层教学点、收视点管理者、辅导员缺乏系统性、针对性的业务培训。平台应用和资源使用未通过文件、会议、培训、课件等途径和方式有效推广。已有的有益探索和实践经验没有得到广泛的推广宣传。

4. 远程教育工作推进力度有所欠缺

老年远程教育在省级层面缺乏完善的顶层设计,在全面统筹、组织协调和规划指导方面作用发挥不够,在远程教育学习平台和学习资源的共建共享方面尚未形成合力,没有采取有效措施推动老年远程教育的规范建设。

5. 远程教育课程资源还需整体设计和有效整合

远程教育课程资源的数字化改造水平不够、完整性不够、普及率不高,覆盖面有限,是否能满足各级老年教育机构教学需要与个人学习需求缺乏实证和数据支撑,其针对性和有效性未经检验。

6. 远程教学模式有待研究和提升

在针对不同区域、不同层次、不同身心状况、不同学习需求的老年学习者,如何应用信息化技术和传播媒介组织开展有效远程教学模式还处于初级阶段;同时,教师、教材、教学支持服务等如何适应远程教育特点和要求的实践也不够深入。

四、以"双轮驱动"模式推进服务乡村振兴战略具体进展

安徽省老年大学协会领衔的全省老年大学系统与安徽广播电视大学领衔的全省电大系统全面合作的序幕,构筑了安徽省老年远程教育发展"双轮驱动"的"安徽模式"。"双轮"即省老年大学协会系统和广播电视大学系统。广播电视大学(开放大学)负责线上学习支持服务与管理,与老年大学协会系统线下管理相结合,各负其责,协同推进,发挥系统优势,形成"齐头并进,分级管理"的管理模式。安徽省老年大学协会联系着全省150多所老年大学以及5 000多所基层老年学校,安徽广播电视大学拥有覆盖全省城乡的远程教育办学系统、支持服务体系和优质的数字化学习资源,两大系统的全面合作,对于形成安徽老年教育新格局具有重要意义。

"双轮"模式建立以来,全省老年远程教育工作取得了明显进展,特别是在服务乡村振兴战略,发展基层老年教育方面成绩突出。主要表现在六个方面。

1. 初步建立服务体系

成立市级老年开放大学和县级老年教育学院,并向乡镇(街道)、村(居委

会)延伸建立远程教育学习网点。截至 2021 年底,全省 16 个地市全部建成市级分校,建成 11 所县级学院,建立 1 个村教学点(太和县刘庙村)。目前正在开展第二批次申报工作。

2. 建设安徽老年教育网络学习平台

"安徽老年开放大学网"升级为"安徽老年远程教育网"。完成在线学习、资源服务、互动分享和数据统计四大核心系统功能构建,推动信息技术融入老年教育教学全过程,推进线上线下一体化教学。建设"安徽老年开放大学"微信学习平台,实现网络平台和移动平台学习资源同步更新,数据无缝连接。支持老年人随时随地学习。已开发老年远程教育直播平台,加强省市优质学习资源对农村及边远、贫困地区的辐射,并正进行市县及以下子站的代建工作,建设省级平台统一管理,市县乡互联互通的平台网络,形成分级管理、分级服务的管理运行机制。

3. 建立数字化老年教育资源库

通过多种形式建设老年教育数字化学习资源,促进资源建设规范化、多样化。现资源量已逾万,基本形成 11 个系列、59 个门类的资源体系。围绕服务"三农"开发一批特色课程,今年已完成 15 门课程,包括深受欢迎的种植、养殖、老年慢性病防治、农村医疗卫生等。正在实施与老年大学县、乡、村级课程资源菜单式定制调研工作,对现有资源细化分类打包,以满足基层老年大学(学校)学习需求。

4. 推进远程学习支持服务体系建设

建立"安徽老年远程学习指导服务中心",积极与全省各地开展共建活动,支持、指导各级老年教育机构建立老年远程教育教学点,提供设备、技术等多方面的支持服务。启动省级老年远程教育学习体验基地建设,计划建成 4 000 余平方米的老年远程教育示范校,为市、县创建老年远程教育示范校提供服务和指导。

5. 加强队伍建设和培训

发挥老年大学、广播电视大学双方的人力资源优势,逐渐建成层次多样、结构合理、素质优良的老年教育教学、管理、服务、技术支持和专家研究团队。积极开展队伍培训,特别是对基层老年远程教育的培训。

6. 开展老年教育研究

筹建安徽省老年教育研究院,建设老年教育思想库、信息库和人才库。承担长三角协作组织、中国老年大学协会及安徽省老年大学协会的多项科研课题,包括《安徽省老年教育发展现状与展望》《安徽省老年教育领导体制机制研究》《安徽省老年远程教育发展研究》等。编制《安徽省老年教育机构办学指南》,并已由省教育厅正式发布。同时,还参与了省人大组织的《安徽省老年教育条例》立法调研论证、条例起草等工作。力争将安徽省老年教育研究院打造成为国内具有一定影响力的老年教育信息情报中心、学术研究中心、队伍培训中心及成果交流中心。

五、安徽省老年远程教育服务乡村振兴战略的未来发展路径

实施乡村振兴战略,是全面建设社会主义现代化国家的重大历史任务,是新时代"三农"工作的总抓手。在乡村振兴战略提出的"产业兴旺、生态宜居、乡风文明、治理有效、生活富裕"总要求下,通过远程教育手段,打通农村老年教育"堵点",消除农村老年教育"痛点",破除体制机制"难点",扩大老年教育供给,形成具有安徽特色的现代化老年教育体系,是我们下一步工作的重点。

1. 进一步扩大老年远程教育的覆盖面,建立更加开放的老年远程教育办学体系

依托已基本建成的"省—市—县(市、区)—乡镇(街道)"四级老年远程教育网络,积极向末端延伸,会同基层组织或相关单位,通过共建、评选等方式建设村一级教学点,提供经费支持和指导服务。做好老年教育、远程教育、社区教育的"融合",利用较为完善的五级社区教育大力开展老年教育。

2. 进一步增强老年远程教育工作的执行力,完善"双轮驱动"的老年远程教育发展模式

一是抓统筹协调。加强省、市、县级老年教育领导体制建设,统筹、规划、指导、协调行政区域内老年远程教育工作。二是抓工作机制。形成左右协同、上下联动的工作机制。老年大学协会系统和老年开放大学系统协同配合,形成合力;老年远程学习指导服务中心体系运转一体、步调一致。三是抓督查落实。制定和完善老年教育机构办学规范和示范校建设、远程教学点建设标准,通过评先评优、督导检查、培训交流等措施,确保老年远程教育高效有序地落到实处。

3. 进一步扩大老年远程教育的影响力,提升老年远程教育学习平台服务能力

将"安徽老年远程教育网"办成辐射农村偏远地区、面向全民终身学习的优质服务平台。深入调研基层老年远程教育课程开设及需求,整合农村社区资源,建设丰富优质的老年教育数字化学习资源库,满足乡村社区党员教育、人才培养、文化宣传等多方面需求。

4. 进一步提高老年远程教育的规范性,加强老年远程教育"三员"队伍建设

组建"三员"队伍。在市县区老教委的指导下,现有的远程教育教学点统一设置老年远程教育联络员、通讯员(信息员)、辅导员,加强"三员"培训。由省老年大学协会和各市老教委组织,安徽老年开放大学及各市分校负责具体培训。

5. 进一步激发老年远程教育的创造性,加强老年远程教育教学理论与实践研究

探索老年远程教育课程教学模式和支持服务模式,促进老年教育教学向人本化、多样化、规范化、专业化方向深入发展。大力培育乡村社区老年学习共同体,立足培养"三自""三有"老人。

作者简介:

"安徽省老年远程教育服务乡村振兴战略"课题组。

福建省农村老年远程教育课程需求调研报告

当今社会面临两大发展趋势：一是社会老龄化速度加快的趋势。至2018年年底,我国60岁及以上的老龄人口已达2.49亿,占全国总人口的17%。二是互联网和信息技术的快速发展的趋势。随着人口老龄化步伐的加快,农村人口老龄化水平的快速提升,如何让如此数量庞大的"银发一族"有尊严、幸福地生活,这既是老年人自身的生活选择,也是社会的责任。同时,老年人需求多元化和网络信息技术的日新月异,老年远程教育凭借其突破时间和空间限制、传播方式独特等优势,得到迅速推广普及,成为老年教育新常态的有效载体。如何发挥老年远程教育优势,开发利用好老年远程教育资源,满足广大农村老年人对美好生活需求,是当前我们构建终身教育体系和建设新农村的一个重要课题。

一、发展老年远程教育是老年教育迫切需要解决的问题

信息技术的应用和"互联网＋"已成为各行各业快速发展的引擎。如何应

对人口老龄化快速发展的趋势已经摆上国家的议事日程。2016年国务院办公厅下发《老年教育发展规划(2016—2020年)》要求,运用互联网等科技手段开展老年教育,为全体老年人创造学习条件、提供学习机会、做好学习服务。在新形势下如何准确把握信息时代发展特点,结合当前老年远程教育工作现状,找准老年远程教育发展定位,有效推动老年远程教育创新发展,是当前老年教育需要解决的迫切问题。

1. 老年教育是积极应对人口老龄化的迫切需要

习近平总书记强调,人口老龄化是世界性问题,对人类社会产生的影响是深刻持久的。我国是世界上人口老龄化程度比较高的国家之一,老年人口数量最多,老龄化速度最快,应对人口老龄化任务最重。满足数量庞大的老年群体多方面需求、妥善解决人口老龄化带来的社会问题,事关国家发展全局,事关百姓福祉,需要我们下大气力来应对。要积极看待老龄社会,积极看待老年人和老年生活,老年是人的生命的重要阶段,是仍然可以有作为、有进步、有快乐的重要人生阶段。发展老年教育,是积极应对人口老龄化、实现教育现代化、保障人们终身受教育权利、建设学习型社会的一项重要举措,同时也是满足老年人多样化的学习需求、提升老年人生活品质、促进社会文明和谐的必然要求。随着社会老龄化进程,老年群体快速增长,老年教育资源供给不足与广大老年人日益增长的学习需求之间的矛盾也日益凸显,老年教育面临着巨大压力和挑战,要解决好有限教育资源与老年人快速增长的学习需要之间的矛盾,从目前的情况看,发展老年远程教育是最直接、最有效的途径和办法。

2. 信息化为老年教育发展插上翅膀

习近平总书记强调,以互联网为代表的信息技术日新月异,引领了社会生产新变革,创造了人类生活新空间,拓展了国家治理新领域,极大提高了人类认识世界、改造世界的能力。互联网让世界变成了"鸡犬之声相闻"的地球村,相隔万里的人们不再"老死不相往来"。可以说,世界因互联网而更多彩,生活因互联网而更丰富。互联网是20世纪最伟大的发明之一,给人们的生产生活带来了巨大变化,对很多领域的创新发展起到了很强的带动作用。"十三五"期间,我国大力实施网络强国战略、国家大数据战略、"互联网+"行动计划,发展积极向上的网络文化,拓展网络经济空间,促进互联网和经济社会融合发展,让互联网发展成果惠及13亿多中国人民,更好造福各国人民。利用"互联网+"技术加快老年教育发展,可以解决老年教育资源不足、供给矛盾突出的问题,克服老年人学习时空上和生理上的限制,实现老年教育现代化、便利化、生活化,推进养教结合,更好地造福老年人。

二、福建老年远程教育现状及做法

福建老年远程教育发展时间较早,发展速度较快,涉及面也较广,各地在工作中探索出了一些成功的经验和做法。目前,参加远程教育学习的学员近60万人,先后有3个县(区)被授予全国老年远程教育示范区、18个县(市、区)被授予全国老年远程教育实验区,有42个全国老年远程教育先进收视点。

1. 健全完善管理体制机制

一是加强组织领导。2012年福建成立省老年远程教育协调小组,由省教育厅、省委老干部局、省老龄办、省教育电视台、省电大、福建老年大学等单位组成,共同推动远程教育体系建设。二是完善工作机制。将基层老年远程教育工作列入省一级示范校、省级示范校创建目标考核体系;在每年召开一次的全省老年教育工作会议上,把老年远程教育作为一项重要内容进行总结部署。三是加强督促和管理。2014年省老龄办和省老年大学协会联合编印《福建省老年远程教育收视点管理手册》,对收视点管理办法、考核标准、表彰办法、管理员职责、辅导员职责、班长职责、学员守则、学习记录表等17项工作进行规范,下发各地试行。四是加大经费投入。各地根据实际,加强老年远程教育经费投入。如泉州市委、市政府每年划拨出专项经费用于老年远程教育必要设施,保障其正常运转,市县两级老教委争取社会各界支持,每年筹资近百万元用于购买更新设备。

　　2. 多渠道借力加强远程教育平台建设

　　福建省各级老年大学加强与其他涉老部门沟通联系,整合资源,构建形式多样、内容丰富的网络系统。一是充分利用现有的远程教育平台。福建省开展远程教育是以基层老年大学(学校)为主体,依托"党员干部远程学习平台""中国老年网""东方银龄老年教育网""上海老年人学习网""福建省终身学习在线"等远程教育平台发展起来的。如泉州老年大学从1998年年初与市电视台合作开办空中老年教育以来,不断为发展老年远程教育进行有益的尝试,先后与市科技局创办泉州市星火科技12396多媒体服务平台,与市委组织部"农村(社区)党员干部现代远程教育"网络等合作,后来又与福建广电网络集团合作开通"泉州老年远程教育"云平台。这个云平台操作简便、实用性强且信号稳定、服务良好,非常适合基层老年远程教育发展的需要。莆田老年大学也依托市委组织部党员电教中心开通老年远程教育网。厦门、漳州近年来也不断与福建广电网络集团合作,借助网络资源和先进技术,拓展老年远程教育,取得很好的成效。二是积极构建有特色的远程教育平台。全省各级老年大学在实践探索过程中,不断搭建符合老年人需求、安全可靠、可持续发展的服务平台。福建老年大学与福建广播电视大学联合开通"福建老年学习网"供基层收视点使用;2014年委托厦门泰博科技有限公司开发网上学习"收视器",方便老年人上网学习操作,使用这种收视器可以直接在电视上收看网上课程。三是广泛宣传发动。省校开展"扶老上网"、评选"学习之星"等形式多样的活动,加大宣传力度,鼓励和组织老年人上网学习,保证远程教育课件播放收看和学习活动落到实处。并先后在泉州德化、永春,三明永安、漳州东山等地召开全省基层老年学校暨老年远程教育推进会、开展福建老年学习网辅导员培训班,总结交流经验,推进工作。四是搭建"福建老年教育新媒体电视平台"。随着我国互联网等现代信息技术的迅速发展,"互联网 + 老年教育"已成为新的发展趋势,在实践中,呈现新的发展格局。面对新形势新任务,在调研基础上,2018 年 9 月福建老年大学与中国电信福建分公司、福建广播电视集团携手搭建高清 IPTV 天翼高清"互联网 + 老年教育"新媒体电视平台,向全省免费开放。全省共建老年教育学习平台,实行线上线下数据互通共融、课件资源共建共享。平台专区同步福建电信手机 APP,实现电视机顶盒和手机 APP 的多途径全覆盖,实现在课堂、在家里、在公共场所等,不受时空约束的全天候学习新模式。至 2019 年 6 月底,平台上线节目 497 部(其中课件 119 部),总视频量 1 010 集,图片总量 1 885 张,累计总用户量 243 448 人次,总访问量 240 万人次。2019 年 9 月启动线上、线下同步课程 4 门。

　　3. 积极开发老年远程教育课件资源

　　广泛选择和运用已公开上网的适合老年远程教育课件,丰富福建老年学习网资源库。同时,根据我省老年人需要录制开发适合老年教育发展需要的课件和教材。如省校录制了 30 学时福建省书法家协会副主席、省诗词学会副会长蒋平畴教授的《书法心解》。因福建省各地方言不同,不少基层老年人爱听本地方言,各级老年学校特别是县级以上的老年大学专门录制本地方言的教材和课件,并向基层收视点推荐。各区市老年大学整合本地各方面力量,编写和制作有地方特色的教材和课件,特别是厦门、漳州、泉州、莆田等地投入大量人力、物力,如泉州市分别在晋江、石狮老年大学及惠安老教委建立视频教材制作基地,精心设计、制作融通俗性、教育性、知识性、趣味性于一体的栏目和教材,开设了"老年课堂""时政讲坛""文艺欣赏"等栏目,用闽南语授课,目前已录制课件 300 多学时,受到当地老年学员的普遍欢迎。

三、课程需求调研情况及分析

　　2019 年 7—8 月,福建老年大学对全省 9 个设区市、平潭综合实验区的农村远程教育课程需求情况进行问卷调查和专题调研,调研情况及结果分析如下:

表1　全省农村远程教育课程需求情况统计表

项目	情况汇总
问卷数	4 551 份
性别	男 1 974 人;女 2 577 人
年龄	50—59 岁(包括 50 岁):1 571 人;60—69 岁:1 875 人;70—79 岁:899 人;80 岁及以上:206 人
文化程度	大专及以上:634 人;中专、高中:1 561 人;初中:1 443 人;小学及以下:903 人
职业	行政干部:410 人;科技人员:201 人;教师:674 人;工人:1 068 人;农民:1 622 人;其他:576 人
了解程度	了解:3 071 人;不了解:1 484 人
学习情况	有参加:2 468 人;没有参加:2 053 人
学习平台 (多选)	福建老年学习网:1 441 人;乐龄网:288 人;福建老年教育新媒体电视平台:1 309 人;其他:1 699 人
学习渠道 (多选)	电视:3 420 人;手机:2 460 人;电脑:1 021 人
所需课程 (多选)	种植、养殖:1 140 人;农产品网络营销:401 人;病虫防害:591 人;舞蹈:1 543 人;医疗保健:3 152 人;老年人心理疏导:1 699 人;烹调技术:1 330 人;防灾:716 人;防骗引导:1 437 人;地方民俗文化:1 928 人;其他课程:115 人

从上表可以看出:

在 4 551 位老年学员中,男性有 1 974 人,女性有 2 577 人,可见男性比女性少,这与市、县老年大学中男少女多相类似,在农村中女性参与学习的积极性比较高。但从各地市的统计情况看,部分地市如南平、泉州两地,男女比例各半,说明部分地区农村中女性老年人学习的积极性不如城市中的。

在年龄方面,学员 50—59 岁有 1 571 人,占 34.5%;60—69 岁有 1 875 人,占 41.2%;70—79 岁有 899 人,占 19.8%;80 岁及以上有 206 人,占 4.5%,说明各个年龄都有参加学习的需求,尤其是 50—69 岁年龄段中参加学习人数最多,而 80 岁及以上老年人都有参加学习,说明老年教育深受广大农村老年人的欢迎。

在文化程度方面,大专及以上有 634 人,占 14%;中专、高中有 1 561 人,占 34.4%;初中有 1 443 人,占 31.7%;小学及以下有 903 人,占 19.9%。由于这次调查的学员大多数是乡镇老年学校学员,他们能够积极参与老年学校的学习,本身在当地文化程度相对较高,这说明在农村文化程度越高,参加学习的积极性越高。

在职业方面,行政干部有 410 人,占 9%;科技人员有 201 人,占 4.4%;教师有 674 人,占 14.8%;工人有 1 068 人,占 23.5%;农民有 1 622 人,占 35.6%;其他有 576 人,占 12.7%。这次问卷调查主要集中在农村,从调查对象的职业可以看出,退休干部老师是基层老年学校的骨干力量,而农民及工人参与的人数最多。

在对老年远程教育是否了解、参与学习方面,了解的高达 3 071 人,不了解的有 1 484 人;参加学习的达 2 468 人,没有参加的有 2 053 人。这说明,在福建省农村,老年人对老年远程教育的了解不够充分,参与学习的积极性不高。

在学习平台、学习渠道方面,有 1 441 人参加过福建老年学习网学习,占 30.4%;有 1 309 人参加过福建老年教育新媒体电视平台学习,占 27.6%;有 288 人参加过乐龄网学习,占 6.1%;有 1 699 人参加过本地开通的远程教育学习平台(即其他),占 35.9%。从各地统计数据看,各地有开通本地学习平台的,农村老年人收看该平台的积极性较高,如泉州市开设了泉州老年远程教育云平台,农村老年人参与率达 78.9%。通过电视参加学习有 3 420 人,占 45.6%;通过手机参加学习有 2 460 人,占 35.6%,通过电脑参加学习有 1 021 人,仅占 14.8%。这说明绝大多数农村老年学员喜欢通过电视载体及手机参加老年远程教育学习,老年人通过电脑参加学习积极性较低;从另一方面可以反映出,我省各地推出的与广电、电信合作的老年远程教育电视平台及同步手机 APP 深受老年人欢迎。

在所需课程方面,医疗保健有 3 152 人,占 22.4%;舞蹈有 1 543 人,占

11%；老年人心理疏导有 1 699 人，占 12.1%；烹调技术有 1 330 人，占 9.5%；防灾有 716 人，占 5.1%；防骗引导有 1 437 人，占 10.2%；地方民俗文化有 1 928 人，占 13.7%；种植、养殖有 1 140 人，占 8.1%；农产品网络营销有 401 人，占 2.9%；病虫防害有 591 人，占 4.2%。这说明，一是广大老年人都追求身体健康，有提高晚年生命生活质量的愿望；二是具有地方特色的民俗文化课、防骗引导讲座、烹调课较受老年人欢迎；三是选种植养殖、病虫防害、农产品网络营销等农业技术的学员占 15% 左右，说明在山区、经济不发达的农村，老年人还要从事农业劳动，对学习现代农业技术增加收入还是有要求的。

四、农村老年远程教育课件资源建设的对策思考

农村老年远程教育课件资源开发和利用是发展远程教育的关键，没有网络学习课件资源，远程学习就无从谈起，学习课件的内容和质量高，适应性强，远程教育的吸引力就大。为此提议如下：

1. 加大经费投入

经费投入是农村老年远程教育课件资源开发的重中之重。没有经费保障，课件开发无从谈起。而农村教学点经费本就没有保障，没有来源，更何况课件资源开发与制作要投入大量的人力、物力、财力。建议县级以上有能力的老年大学要加大对农村的扶持力度，开发一批适合农村老年人学习的课件，实现资源共享，如《华东地区农村老年远程教育课程需求调研及开发》课题研究很有意义，通过调研、开发，到 2020 年，调研成果将转化为 100 门满足农村老年人需求的课程，这将有利于丰富和提升华东地区农村老年远程教育课程资源数量和质量。此课题研究要认真总结经验做法，如可行建议在全国推广。同时，可鼓励社会力量共同参与，如一些老年学员的子女、社会贤达乐于奉献，愿意在资金、场地、设备等方面给予支持；又如加强与教育、农业、文化等部门沟通协调，加大对农村经费投入与资源保障。

2. 丰富农村老年远程教育资源

开发更多适合老年人学习的课程,要注意适应不同地区不同层次农村老年人的需要,体现政治性、科学性、知识性、趣味性。目前,可收视的老年远程教育课程以健康养生、唱歌舞蹈、书法绘画、地方民俗文化居多,内容比较单薄,难以满足老年学员的需求,特别是有关老人心理慰藉、历史文化、高科技信息、高雅艺术、重要时政等方面课程缺乏或不够及时。有关方面在制作老年远程教育课程内容时兼顾城市、农村各自需求可能有难度,但是,如果有条件,应该制作一些适合农村、社区特点的精品课程,满足农村、社区老年学员的需求,提高吸引力。此外,当前农村老年人使用的是老年人手机,相当一部分老年人在使用电脑网络这方面的知识比较缺乏,因此,也建议在制作课件时,大多数课件不能只制作微课(微课较适合在手机上收看)。老年人来校学习一次不容易,不能只收看十多分钟就回去,要适当兼顾农村老年人特殊要求,课件时间在 45 分钟到 1 小时为佳。

3. 注重加强农村老年人的生命教育

目前,农村老年远程教育发挥的作用主要体现在让老年人接受心理健康、保健养生、兴趣爱好、娱乐锻炼、思想道德、老有所为等方面的教育,达到心情舒畅、颐养天年的目的。对老年人局限于维护生命功能及生活娱乐的教育,已不能满足老年人的内在需求和自我发展要求。因此,应重视加强对老年人的生命教育。由于我国开展生命教育的历程较短,老年远程教育课件中,针对老年人开展积极的生命教育的实践还未形成体系。现有的涉及老年生命教育的实践只是零散地出现在针对老年人的社会服务体系中。老年人的生命观念深刻影响着年轻人的生命观念。老年远程教育中,应把老年人的生命教育作为一个重大的社会学议题,编写系统化课件,开辟老年远程生命教育专题课堂,帮助老年人理解生命的过程,把握活的方式,坦然面对生老病死,提高生活质量,特别是提高精神生活品质。建立珍爱生命的生命观,创建健康积极的人生观,增强追求幸福、体验幸福、享受幸福的能力。

4. 搭建农村老年人喜爱的平台

从调研情况看,农村老年人已慢慢从电脑端转移到手机 APP 端,越来越喜欢通过电视与手机来收看课件。因此,在当前移动互联网迅速崛起的形势下,老年远程教育的发展重点是整合数字电视、手机 APP、网站等多种传播手段,推动各地各类老年远程教育信息化平台互联互通,建议以省为单位的综合性平台统筹各方力量形成合力,共同开发与制作农村老年远程教育课程,实现资源共建共享,将老年教育的优质资源拓展、渗透到农村,提升农村老年教育办学质量。从调研数据看,农村老年人对远程教育的了解程度不高、参与积极性不大,各地可通过开展优秀课件评选、表彰等工作,鼓励各地开发优秀课件资源,加强课件的宣传和推介工作,提高老年远程教育的知晓率,提升资源的吸引力。

5. 注重学用转化

要积极探索"线上、线下"相结合的教学模式,努力探索"线上、线下"互动,加强现场辅导,提高远程教育的实效,增强吸引力。一要加强农村远程教育管理员队伍建设。通过招募、选拔等方式,聘请一些技术水平高的人才进入老年远程教育管理队伍,同时,也可在老年学员中培养一些有一定管理能力和技术的志愿者参与老年远程教育管理,确保每一堂远程教育课程的收视有人操作,有人播放。加强老年远程教育骨干队伍培训,提高组织、管理、服务的能力。二要注重学习成效。制定符合实际的有关规章制度,科学安排收视课程和收视时间,迎合农村老年学员的需要;及时组织学员谈学习心得、体会、收获;认真做好建档造册工作,对每一学期的收视内容、次数、参与人数、学习心得、签到名册、互动交流的有关影像等材料及时归档。

作者简介:

杨根生,福建老年大学校长。

谢道勇,福建老年大学副校长。

吴宝儿,福建老年大学三级主任科员。

把握"三农"问题,搞好农村老年远程教育课程开发

——以上饶市老年远程教育为例

上饶市老年大学协会受江西省老年大学协会老年远程教育工作委员会的委托,组织开展了《华东地区农村老年远程教育课程需求调研及开发》的课题研究工作,专门对 11 个县(市、区)老年大学下发了有关课题研究的通知,采取文献法、统计法、调查法、访谈法等,先后访谈了余干、万年、婺源、德兴、广信和广丰等 6 个县(市、区)老年大学的校长,召开了万年县、婺源县、德兴市老年大学领导座谈会和婺源县老年大学中云、冉城、秋口、太白、紫阳等 5 个镇(街道)分校常务副校长座谈会,并对万年县陈营镇、上坊乡奎田村、汪家乡山下村,余干县康山乡,婺源县紫阳镇、中云镇,德兴市新岗山乡社区、铅锌矿社区,广丰区枧底镇畈上村、东阳乡管村村的 71 名教师、233 名学员进行了问卷调查。

一、上饶市农村老年人及老年远程教育学员的现状

上饶市总面积 22 791 平方千米,占全省总面积的 13.68%,辖信州区等 12 个

县(市、区)。全市户籍人口773.09万人,常住人口678.34万人。60岁及以上老年人达113万人,占全市总人口的14.6%。其中,城市老年人口45.2万人,农村老年人口67.8万人,农村老年人口占到全市老年人口的60%。这充分说明老年远程教育的增量在农村。只有面向基层和农村,才是老年远程教育发展的广阔天地。

1. 学员个人基本情况数据分析

为了掌握老年学员的个人基本情况,笔者在学员问卷中首先对学员个人基本情况,包含性别结构、年龄结构、户籍类型、文化程度、经济状况、健康状况等进行了调查,这对明确老年远程教育开发的目标和任务有着重要的作用。

(1)性别结构

有233名学员参与调查。其中,男性学员100人,占比42.92%;女性学员133人,占比57.08%。说明女性学员人数略多于男性学员,目前农村老年远程教育学员男女比例较均衡。

(2)年龄结构

参与老年远程教育学员的年龄范围,如表1所示。

表1

50—59岁		60—69岁		70—79岁		80岁及以上	
人数(名)	占比(%)	人数(名)	占比(%)	人数(名)	占比(%)	人数(名)	占比(%)
76	32.62	99	42.49	42	18.03	16	6.86

说明老年学员基本上都是退休年龄的老人,高龄老人很少。

(3)户籍类型

参与老年远程教育学员户籍属于城镇的有99人,占比42.49%;农村户籍的有134人,占比57.51%。说明参与老年远程教育的学员农村人口比重大于城镇人口。

(4)文化程度

从表2中看出,学员初中文化程度的人数最多,高中文化程度次之,小学及以下文化程度第三,大专及以上偏少。说明老年远程教育学员的受教育程度处于中等偏下水平。

表 2

小学及以下		初中文化		高中文化		大专及以上	
人数(名)	占比(%)	人数(名)	占比(%)	人数(名)	占比(%)	人数(名)	占比(%)
50	21.46	90	38.63	65	27.90	28	12.01

(5)经济状况

参与老年远程教育学员的经济收入,如表 3 所示。

表 3

500 元以下		500—1 000 元		1 000—2 000 元		2 000 元以上	
人数(名)	占比(%)	人数(名)	占比(%)	人数(名)	占比(%)	人数(名)	占比(%)
52	22.32	28	12.01	49	21.03	104	44.64

可看出,1 000—2 000 元及 2 000 元以上占比 65.66%。

(6)健康状况

说明目前绝大部分学员健康状况良好。

表 4

健康状况很好		健康状况比较好		健康状况一般		健康状况比较差		健康状况很差	
人数(名)	占比(%)	人数(名)	占比(%)	人数(名)	占比(%)	人数(名)	占比(%)	人数(名)	占比(%)
71	30.47	104	44.64	50	21.46	7	3.00	1	0.43

综上可知,参与老年远程教育的 233 名学员中,男女比例基本持平,女性略多于男性。学员以 50—69 岁年龄段人数为主,且初中、高中文化程度的占多数,

经济收入以1 000—2 000 元及 2 000 元以上为主,处于中等偏上水平,绝大部分健康状况良好。

2. 学员远程学习条件情况数据分析

对学员学习条件的调查,主要了解学员学习工具配备与使用情况两方面,为老年远程教育学习平台建设提供依据和参考。

(1)远程学习工具配备情况

表5说明目前老年远程教育学员家中有电脑的占少数,而绝大部分学员拥有智能手机。说明大部分学员都具备老年远程教育学习工具。

表 5

有电脑		无电脑		有智能手机或平板电脑		无智能手机和平板电脑	
人数(名)	占比(%)	人数(名)	占比(%)	人数(名)	占比(%)	人数(名)	占比(%)
90	38.63	143	61.37	178	76.39	55	23.61

(2)关于电脑上网基本操作(见表6)

表 6

很熟练操作		一般熟练操作		会一点操作		完全不会操作	
人数(名)	占比(%)	人数(名)	占比(%)	人数(名)	占比(%)	人数(名)	占比(%)
6	2.58	53	22.75	74	31.76	100	42.91

(3)关于手机或平板上网的基本操作(见表7)

表 7

很熟练操作		一般熟练操作		会一点操作		完全不会操作	
人数(名)	占比(%)	人数(名)	占比(%)	人数(名)	占比(%)	人数(名)	占比(%)
6	2.58	81	34.76	83	35.62	63	27.04

以上两表数据说明目前老年远程学员使用电脑上网熟练程度低于手机或平板上网熟练程度。

（4）关于学员使用电脑上网的频率

表 8

每天使用		每周 1—2 次		每月 1—2 次		极少使用	
人数（名）	占比（%）	人数（名）	占比（%）	人数（名）	占比（%）	人数（名）	占比（%）
39	16.74	37	15.88	37	15.88	120	51.50

（5）使用手机上网的频率

表 9

每天使用		每周 1—2 次		每月 1—2 次		极少使用	
人数（名）	占比（%）	人数（名）	占比（%）	人数（名）	占比（%）	人数（名）	占比（%）
116	49.78	37	15.87	23	9.87	64	27.47

由表 8、表 9 可知，目前在众多老年远程教育学员中，使用手机上网的频率大大高于使用电脑上网频率。

综上可知，目前老年远程教育学员大多拥有远程学习工具，其中熟练掌握与使用频率最高的是手机或平板，移动学习成为大部分老年学员的选择。

3. 学员远程学习基本情况数据分析

笔者对学员学习现状进行了调查，包括他们对远程教育的基本认知、参与方式、学习频率、学习目的及期望，它关乎着老年远程教育课程开发的方向。

（1）了解远程教育的情况（见表 10）

（2）认为远程教育的开展是否有必要（见表 11）

以上两表说明大部分学员都了解或比较了解远程教育，认为十分有必要开展远程教育。但仍有部分学员对远程教育并不了解，对开展远程教育抱着无所

表 10

非常了解		基本了解		不了解	
人数(名)	占比(%)	人数(名)	占比(%)	人数(名)	占比(%)
23	9.87	146	62.66	64	27.47

表 11

认为十分必要		认为必要		认为可有可无		认为没有必要	
人数(名)	占比(%)	人数(名)	占比(%)	人数(名)	占比(%)	人数(名)	占比(%)
69	29.61	145	62.23	16	6.87	3	1.29

谓的态度。说明要加强对老年远程教育的宣传,以提高学员对老年远程教育的认知度和接受度。

（3）远程教育参与形式（多选,见表 12）

表 12

参加老年教育学校		参加老年电视教育		参加老年广播教育		参加老年网络教育		参加光盘学习		参加组织部党员教育	
人数(名)	占比(%)	人数(名)	占比(%)	人数(名)	占比(%)	人数(名)	占比(%)	人数(名)	占比(%)	人数(名)	占比(%)
68	29.18	123	52.78	50	21.46	63	27.04	42	18.03	60	25.75

由此可知:老年学员集体学习主要通过老年学校、组织部党员教育平台;大部分老年学员自学都是通过电视、广播、网络和其他渠道学习。

（4）学员参与老年远程教育的目的（多选,见表 13）

表 13 说明学员大部分为了好学上进、保健养生、丰富生活,少部分是为了结交朋友、消遣寂寞。

（5）子女是否支持参与老年远程教育

非常支持的 87 人,占比 37.34%;支持的 136 人,占比 58.37%;一般的 10

表 13

培养兴趣爱好 丰富业余生活		拓宽知识面 提高文化水平		咨询保健方法 锻炼强壮体魄		结交朋友 谈心聊天		打发时间 消遣寂寞	
人数 (名)	占比 (%)	人数 (名)	占比 (%)	人数 (名)	占比 (%)	人数 (名)	占比 (%)	人数 (名)	占比 (%)
163	69.95	134	57.51	109	46.78	77	33.05	77	33.05

人,占比 4.29%。

由此可知,目前绝大部分家庭对于老年人参与远程教育持支持态度,没有反对和不支持的。

（6）学员感兴趣的各类课程（多选,见表 14）

表 14

保健养生		拳操健身		法律常识		戏曲音乐		家庭教育	
人数 (名)	占比 (%)	人数 (名)	占比 (%)	人数 (名)	占比 (%)	人数 (名)	占比 (%)	人数 (名)	占比 (%)
160	68.66	111	47.64	92	39.48	86	36.91	83	35.62
信息技术		文学历史		乐器演奏		书法绘画		其他	
人数 (名)	占比 (%)	人数 (名)	占比 (%)	人数 (名)	占比 (%)	人数 (名)	占比 (%)	人数 (名)	占比 (%)
58	24.89	47	20.17	26	11.16	15	6.43	16	6.87

由表 14 可知,目前老年学员对保健养生、拳操健身类课程最感兴趣,对文史、书画、音乐、器乐与信息技术类课程也有一定的选择。

（7）希望通过学习达到的目标（见表 15）

由表 15 可知,目前老年学员参与老年远程教育的目的主要是较系统地学习一些知识,基本掌握一些技能,极少期望学习后能成为专家学者。

总之,学员对老年远程教育基本了解,学员大多每周参与老年远程教育。选

表 15

一般掌握		基本掌握		完全掌握		能出成果	
人数 (名)	占比 (%)	人数 (名)	占比 (%)	人数 (名)	占比 (%)	人数 (名)	占比 (%)
119	51.07	82	35.19	14	6.01	7	3

择最多的是保健养生、拳操健身类课程。根据个人兴趣的不同,对其他课程也有一定的需求。其目的主要是强身健体,丰富业余生活,掌握基本知识和技能。

4. 学员远程学习满意度数据分析

笔者对老年学员远程学习满意度进行调查,内容涉及远程课程类别、远程课程内容、远程课程难度、远程教师专业水平以及远程教学形式。

(1)对现有远程课程可选择的满意度(见表 16)

表 16

非常满意		满意		一般		不满意		非常不满意	
人数 (名)	占比 (%)	人数 (名)	占比 (%)	人数 (名)	占比 (%)	人数 (名)	占比 (%)	人数 (名)	占比 (%)
72	30.90	99	42.49	13	5.58	38	16.31	11	4.72

(2)对远程课程内容的满意度(见表 17)

表 17

非常满意		满意		一般		不满意		非常不满意	
人数 (名)	占比 (%)	人数 (名)	占比 (%)	人数 (名)	占比 (%)	人数 (名)	占比 (%)	人数 (名)	占比 (%)
82	35.19	124	53.22	27	11.59	0	0	0	0

（3）对远程课程难度合适情况（见表18）

表 18

非常满意		满意		一般		不满意	
人数（名）	占比（%）	人数（名）	占比（%）	人数（名）	占比（%）	人数（名）	占比（%）
84	36.05	94	40.34	55	23.61	0	0

（4）对远程教师专业水平的满意度（见表19）

表 19

非常满意		满意		一般		不满意	
人数（名）	占比（%）	人数（名）	占比（%）	人数（名）	占比（%）	人数（名）	占比（%）
86	36.91	117	50.22	22	9.44	8	3.43

（5）远程教学形式丰富多样

表 20

非常满意		满意		一般		不满意	
人数（名）	占比（%）	人数（名）	占比（%）	人数（名）	占比（%）	人数（名）	占比（%）
83	35.62	132	56.65	8	3.44	10	4.29

由表20可知,大部分老年学员对当前学习处于"满意"以上水平。目前大部分老年学员对远程课程的难度、内容表示满意,而对可选择课程的多样性、教学形式丰富多样、教师的专业水平还有不满意的地方。

5. 发展老年远程教育存在的困难现状情况

认为发展老年远程教育存在的困难主要有哪些?（多选）（见表21）

由表21可知,缺乏经费来源、缺少懂技术的管理人员、设施老化是当前老年远程教育的主要困难。

表 21

设施老化		缺少懂技术的管理人员		发展不平衡		参与学习的人员不多		缺乏经费来源	
人数（名）	占比（%）	人数（名）	占比（%）	人数（名）	占比（%）	人数（名）	占比（%）	人数（名）	占比（%）
68	29.18	100	42.92	49	21.03	72	30.90	105	45.06

信息源不多		学习资料少		上课不规范		有其他困难的	
人数（名）	占比（%）	人数（名）	占比（%）	人数（名）	占比（%）	人数（名）	占比（%）
25	10.73	61	26.18	14	6.01	4	0.17

二、农村教师基本情况调查

1. 教师个人基本情况数据分析

这个部分主要包括性别、年龄、学历、专兼职情况、从事老年教育年限、教师来源情况及是否担任行政职务等。了解这些情况有利于掌握教师队伍的发展方向。

（1）性别结构

参与调查的有 71 位教师,其中男性教师有 34 人,占比 47.89%;女性教师有 37 人,占比 52.11%。说明目前老年学校教师男女比例比较平衡。

（2）年龄结构（见表 22）

表 22

30 岁以下		31—40 岁		41—50 岁		51 岁以上	
人数（名）	占比（%）	人数（名）	占比（%）	人数（名）	占比（%）	人数（名）	占比（%）
无	无	5	7.04	18	25.35	48	67.61

表 22 说明农村老年学校教师主要是退休后的老年教师,少数年轻的教师主要从中、小学在职教师中挑选。

(3)学历层次(见表 23)

表 23

专科以下		专科		本科		硕士及以上	
人数(名)	占比(%)	人数(名)	占比(%)	人数(名)	占比(%)	人数(名)	占比(%)
38	53.52	19	26.76	12	16.90	2	2.82

表 23 说明目前农村老年教育教师有一半人学历水平不太高。

(4)专兼职比

专职教师人数 10 人,占比 14.08%;兼职教师人数 61 人,占比 85.92%。说明目前农村老年教育教师队伍都是兼职教师,县老年大学有个别专职教师。

(5)职称情况(见表 24)

表 24

正高职称		副高职称		中级职称		初级职称		无职称	
人数(名)	占比(%)	人数(名)	占比(%)	人数(名)	占比(%)	人数(名)	占比(%)	人数(名)	占比(%)
1	1.37	10	13.70	18	24.66	25	34.25	17	23.94

表 24 说明农村教师中级以下或无职称的占多数。

(6)从事老年教育年限(见表 25)

表 25

1—5 年		6—10 年		11—20 年		20 年以上	
人数(名)	占比(%)	人数(名)	占比(%)	人数(名)	占比(%)	人数(名)	占比(%)
19	26.76	45	63.38	6	8.45	1	1.41

由表 25 可知,大部分教师从教时间都比较长。

(7) 教师来源情况(见表 26)

表 26

普通高校的在职教师		中学在职教师		小学在职教师	
人数(名)	占比(%)	人数(名)	占比(%)	人数(名)	占比(%)
2	2.82	6	8.45	13	18.31
大学毕业后直接从事		相关专业协会成员		退休返聘	
人数(名)	占比(%)	人数(名)	占比(%)	人数(名)	占比(%)
2	2.82	10	14.08	38	53.52

由表 26 可知,农村老年学校教师大多数来源于退休返聘人员,其次为中小学在职教师和相关专业协会成员。

(8) 是否担任行政工作

目前老年学校教师中,兼任了行政职务的 10 人,占比 14.08%;专门从事教学的 61 人,占比 85.92%。

总之,农村老年学校教师男女性别较为均衡,学历层次不太高,从事老年教育的时间比较长,教师年龄偏高,基本上是兼职教师,其主要来源是退休返聘人员,少数教师兼任了其他行政类事务。

2. 教师远程专业化发展情况数据分析

(1) 对老年远程教育的认知程度(见表 27)

表 27

十分了解		了解		一般了解		不了解	
人数(名)	占比(%)	人数(名)	占比(%)	人数(名)	占比(%)	人数(名)	占比(%)
5	7.04	37	52.11	26	36.62	3	4.23

表27说明大部分教师对老年远程教育的认知度比较高。

（2）老年远程教育理论知识学习情况（见表28）

表28

系统学习过		较为系统学习过		粗略学习过		没有学习过	
人数（名）	占比（%）	人数（名）	占比（%）	人数（名）	占比（%）	人数（名）	占比（%）
15	21.13	28	39.44	12	16.90	16	22.53

（3）对老年远程教育教学方法的学习情况（见表29）

表29

系统学习过		较为系统学习过		粗略学习过		没有学习过	
人数（名）	占比（%）	人数（名）	占比（%）	人数（名）	占比（%）	人数（名）	占比（%）
17	23.94	19	26.76	17	23.94	18	25.35

由表29可知,目前有大部分教师注意学习老年远程教育理论知识和教学方法,少部分只是粗略学习过或没有学习过。

（4）学校每学期开展远程教育教研活动次数（见表30）

表30

没有		1—2次		3—4次		5次以上	
人数（名）	占比（%）	人数（名）	占比（%）	人数（名）	占比（%）	人数（名）	占比（%）
5	7.04	16	22.54	31	43.66	19	26.76

（5）能否主动学习相关知识的情况（见表31）

（6）获得老年远程教育培训进修机会（见表32）

（7）培训后专业水平是否提高（见表33）

表 31

经常学习		偶尔学习		有需要才学习		从来不学习	
人数(名)	占比(%)	人数(名)	占比(%)	人数(名)	占比(%)	人数(名)	占比(%)
27	38.03	25	35.21	12	16.90	7	9.86

表 32

机会很多		一般		比较少		没有	
人数(名)	占比(%)	人数(名)	占比(%)	人数(名)	占比(%)	人数(名)	占比(%)
12	16.90	22	30.99	10	14.08	27	38.03

表 33

很大变化		有变化		变化较小		没有变化	
人数(名)	占比(%)	人数(名)	占比(%)	人数(名)	占比(%)	人数(名)	占比(%)
16	22.53	37	52.11	3	4.23	15	21.13

从以上表中可知,大部分老年学校每学期都开展了远程教育教研活动,个别的没有开展;教师一般能自己学习一些相关知识;参加老年远程教育培训的机会很少,甚至没有机会;在参与培训的教师中,大部分认为培训以后相关专业水平有变化甚至有很大变化。

(8)对老年远程培训方式的选择(多选)(见表 34)

表 34

研讨交流		实践指导		案例分析		理论讲授		说课评课	
人数(名)	占比(%)	人数(名)	占比(%)	人数(名)	占比(%)	人数(名)	占比(%)	人数(名)	占比(%)
47	66.19	44	61.97	38	53.52	36	50.70	33	46.78

从表 34 中可以看出,教师选择的各种培训方式都达到 50% 左右,选择研讨

交流和实践指导的达到60%以上,分别居第一和第二位。选择案例分析、理论讲授、说课评课方式培训的人数也不少。表34中数据说明教师需要通过各种途径进行培训和提高,以适应老年远程教育教学多方面的需要。

（9）培训内容的选择（多选）（见表35）

表35

现代教育技术		远程教育基础知识		多媒体技术		课件开发		远程科研	
人数（名）	占比（%）	人数（名）	占比（%）	人数（名）	占比（%）	人数（名）	占比（%）	人数（名）	占比（%）
44	61.97	43	60.56	42	59.15	37	52.11	26	36.62

总之,目前农村老年教育教师对远程教育有基本的认识,但专业培训和研修机会较少;对老年远程教育的理论知识和教学方法缺乏系统掌握;对远程教育培训的内容,更希望以现代教育技术、基础知识和多媒体技术培训为主,兼顾其他方面的内容。

（10）教师远程专业发展计划（见表36）

表36

有明确的目标与计划		有一定思考与大致安排		目标不明确		没什么计划	
人数（名）	占比（%）	人数（名）	占比（%）	人数（名）	占比（%）	人数（名）	占比（%）
12	16.90	37	52.11	13	18.31	9	12.68

（11）对从事老年教育科学研究的意愿（见表37）

表37

从事科学研究意愿明确		意愿一般不太强烈的		没有意愿的	
人数（名）	占比（%）	人数（名）	占比（%）	人数（名）	占比（%）
25	35.21	34	47.89	12	16.90

由表 37 可知,目前农村老年教育的教师队伍中,大部分教师对于专业化发展有一定的目标与计划,少部分表现出较淡漠的态度;对教学科研,大部分人有明确的意愿,一半多的教师抱无所谓和不想搞的态度。

(12)教师远程教育专业发展动力来源(多选)(见表 38)

表 38

来源于完善远程教育理论实践知识		来源于掌握远程教学能力		来源于帮助学员更好地接受和掌握知识	
人数(名)	占比(%)	人数(名)	占比(%)	人数(名)	占比(%)
31	43.66	38	53.52	46	64.79

综上所述,部分农村老年远程教育教师没有明确的学习规划,且对于从事远程教育科研事业意识比较淡漠,专业发展动力主要来源于帮助学员更好地接受和掌握知识。

3. 教师远程教学考核情况

(1)远程教育师资队伍稳定情况(见表 39)

表 39

认为非常稳定		认为稳定的		认为不稳定的	
人数(名)	占比(%)	人数(名)	占比(%)	人数(名)	占比(%)
6	8.45	38	53.52	27	38.03

从表 39 数据看,认为不稳定的有 27 人,占调查总数的 38.03%,超过了三分之一,说明教师队伍还不够稳定。

(2)老年远程教育考核制度

认为有考核制度的 32 人,占比 45.07%;认为没有考核制度的 39 人,占比 54.93%。通过调查可知,农村老年学校大部分没有规范的老年远程教育考核制度。

（3）对老年远程教学的主要评价方式（多选）（见表40）

表40

教学学时		课程点击率		学生满意度		其他方式	
人数（名）	占比（%）	人数（名）	占比（%）	人数（名）	占比（%）	人数（名）	占比（%）
18	25.35	17	23.94	29	40.85	9	12.67

从表40中看出比较多的教师认为教学评价要以学生满意为主，兼有其他评价方式。

（4）远程教师考核效果（见表41）

表41

有积极引导和促进作用		只是走过场无多大帮助		说不清楚	
人数（名）	占比（%）	人数（名）	占比（%）	人数（名）	占比（%）
48	67.61	2	2.81	21	29.58

从表41中我们可以看出，关于目前的考核方式，大部分教师认为有积极引导和促进的作用，少数教师认为说不清楚。

说明农村老年远程教育考核制度比较缺乏，评价方式不够多样化。目前的考核、评价方式对教师相关教学工作的促进作用还有所欠缺。

4. 教师工作满意度情况

（1）对工作的稳定性（见表42）

表42

非常满意		比较满意		一般		不太满意	
人数（名）	占比（%）	人数（名）	占比（%）	人数（名）	占比（%）	人数（名）	占比（%）
19	26.76	32	45.07	20	28.17	0	0

（2）对薪资福利待遇（见表43）

表43

非常满意		比较满意		一般		不太满意	
人数（名）	占比（%）	人数（名）	占比（%）	人数（名）	占比（%）	人数（名）	占比（%）
9	12.68	37	52.11	23	32.39	2	2.82

（3）对工作考核情况（见表44）

表44

非常满意		比较满意		一般		不太满意	
人数（名）	占比（%）	人数（名）	占比（%）	人数（名）	占比（%）	人数（名）	占比（%）
13	18.31	29	40.85	19	26.76	10	14.08

（4）对师资培养制度（见表45）

表45

非常满意		比较满意		一般		不太满意	
人数（名）	占比（%）	人数（名）	占比（%）	人数（名）	占比（%）	人数（名）	占比（%）
14	19.72	30	42.25	20	28.17	7	9.86

由表45可知,农村老年教育师资队伍的工作满意度处于中上等水平。

5. 发展老年远程教育存在的困难现状情况

认为发展老年远程教育存在的困难主要有哪些?（多选）（见表46）

表46

设施老化		缺少懂技术的管理人员		发展不平衡		参与学习的人员不多		缺乏经费来源	
人数（名）	占比（%）	人数（名）	占比（%）	人数（名）	占比（%）	人数（名）	占比（%）	人数（名）	占比（%）
25	35.21	27	38.03	27	38.03	29	40.85	34	47.89

（续表）

信息源不多		学习资料少		上课不规范		有其他困难的	
人数（名）	占比（%）	人数（名）	占比（%）	人数（名）	占比（%）	人数（名）	占比（%）
25	35.21	19	26.76	1	1.41	0	0

由表46可知,缺乏经费来源、缺少懂技术的管理人员、发展不平衡、设施老化是当前老年远程教育的主要困难。

三、上饶市农村老年远程教育的现状

1. 管理一体化,层层明职责

上饶市老年教育管理体制实行党委政府主导、组织部主管、老干部局主办的模式。上饶市成立了市老年教育工作领导小组,组长由市委副书记担任,副组长由市委常委、组织部长,市委常委、常务副市长,分管教育的副市长和市老年大学校长担任,市委、市政府有关部门和单位的领导为成员,市教育局局长担任办公室主任。市领导小组统一指导协调市、县、乡、村四级老年远程教育工作。各县（市、区）都成立了老年教育工作领导小组。国家老年远程教育示范区万年县、广丰区和国家老年远程教育实验区鄱阳县、婺源县在县、乡两级还专门成立了远程教育领导小组。乡镇组织员办公室负责播放管理。各级领导小组的主要职责是：宣传贯彻上级有关远程教育工作的指示精神;指导、协调农村基层远程教育工作的开展,组织网络技术业务培训;抓好老年远程教育视频课程建设和基层收视点建设;组织开展老年远程教育工作交流研讨和总结推广典型经验;联系信息媒体和相关网站形成老年远程教育课程资源库。同时,做好硬件建设工作。县、乡两级老年大学（分校）配备一名老年远程教育收视员;行政村由一名村干部负责远程教学过程中的安排、协调工作,配备一名村干部或大学生村官为收视员,负责收视点设备设施的安装、调试、运行等工作。老年大学辅导员负责教学内容的"再施教"过程以及答疑解惑等工作。

2. 硬件上档次,条件大改观

上饶市各级党委、政府认真贯彻国务院办公厅《老年教育发展规划(2016—2020年)》和赣府发〔2018〕5号文件,以市委、市政府办公厅的名义专门下发了饶办发〔2018〕19号文件,文件规定"市老年大学校舍面积要达到15 000平方米以上,县级老年大学3 000—5 000平方米,乡镇街道分校500—1 000平方米。市、县、乡办学经费按照省委组织部、老干部局关于创建省级示范校的标准,按学员人数的人均标准列入各级财政预算。"各县(市、区)以党委、政府或两办名义出台了贯彻意见,使市、县两级老年大学的基础设施和办学经费分别上了新台阶。市政府投资3个亿,划地40亩的上饶老年大学15 000平方米的新大楼建成并投入使用。11个县级校有8个校舍面积达3 000平方米以上。铅山县新的教学楼已封顶,弋阳县新大楼已开始装修,广信区新大楼已开工建设。市、县老年大学都建立了老年远程教育设备。广丰区要求每学期校领导、班主任至少组织一节远程教育课,并做好收看记录;同时,对枧底镇畈上村的先进收视点奖励1万元。全市40个市级乡镇示范校都投入3万元左右配备了多媒体设备,并开展了远程教育。德兴市老年大学为部分乡镇分校及村、居老年学校解决了办公地点、办公经费、教学器材等问题。挤出一定的经费,送了五套教学器材给乡、村学校,15个乡镇分校全部建立了收视点,每半月开设一次课。德兴市128个村居就有近80个村修建或改造了新的礼堂,而且配有数万元以上的音响,教学条件超过了某些乡镇。

3. 广辟新渠道,形式多元化

目前,上饶市老年远程教育开辟的渠道和形式主要有:

一是市、县、乡、村老年大学(学校)利用组织部远程党员教育网和文化站远程教育设施在多媒体教室开设一批热门课程,按照课程表,定时组织学员集中上课。

二是市、县建立老年大学网站、微信公众号和上饶市老年大学协会微信群,转播或播放各种视频教材和文字教材,组织集体学习或让学员在家自主学习。鄱阳县政府下拨5万元专项资金为县校安装了5套多媒体远程教学设施,12个乡镇分校与县校联网,基本实现了县、乡、村三级联网老年远程教学模式。

三是注重自主开发远程教育课程。上饶市老年大学协会成立了上饶市老年开放大学,各县市成立了老年开放学院,专门负责制作视频教材。每两年组织一次全市优秀视频教材交流评选会,制作了两门系统教材、30多部优质视频教材和一批课录教材,其中8部被评为全国优秀视频教材,16部被评为特色视频教材。这些视频教材在公众号或以光盘、U盘的形式播放。婺源县乡镇分校、村居老年学校还可到县老年大学远程教育课程库中选择拷贝回去收看。

四是按照自主多元和统筹协调相结合的原则,利用网络开发远程教育优质资源。上饶市有市校和10个县(市、区)老年大学各花了6 000元购买"东方银龄远程教育"视频教材,使用期3年。随着全国网络平台的不断增多,全市已能从全国各地网站购买或下载远程教育课程资源。还有中央电视台《健康之路》、北京卫视《养生堂》和网络电视《书画频道》等课程,更是受到众多老年学员的喜爱。

五是把远程教学与课堂面授相结合。如婺源县老年大学书法班、国画班、保健班主要以教师面授为主,在面授期间插入几节网络精品课,丰富了教学内容,提高了教学质量。

六是上饶市在12 793个村点开展了秀美乡村建设,受益群众385万多人,建成了2 672个村(社区)综合性文化服务中心。还有,全市大部分乡村正在建设居家养老中心或幸福养老大食堂,既解决老人吃饭问题,又解决老人的文化娱乐问题。如玉山县出资3 800多万元在211个村建起了居家养老中心。2019年8月7日晚中央电视台《新闻联播》以"乡村小食堂,留守老人的幸福味道"为题进行了宣传报道。两项惠民工程,为全市开展老年远程教育提供了雄厚的物质基础和老年远程教育学员的强大后备军。

4. 十年磨一剑,发展上规模

从2010年开始,上饶市老年大学协会就部署市、县、乡、村老年大学(学校)四级网络建设,经过10年的艰苦工作,取得了很大的成绩。据2019年统计,全市四级老年大学(学校)达1 243所,学员总数151 343人,比上年增加4 272人,增长 3%,占全市老年人口 14.38%。乡镇建校 202 所,占全市乡镇总数的 97%,学员 47 538 人。村级建校 1 027 所,占全市行政村总数的 47.5%,学员 72 416 人。上饶老年大学在校学员达到 10 128 人,进入了全国全省万人校的先进行列。11 所县级校都达到千人以上规模。

全市老年远程教育收视点已达 614 个,学员总数达 52 743 人。2014 年开始,继鄱阳、万年、婺源、广丰老年大学被评为老年远程教育实验区之后,2019 年,万年县和广丰区又被授予"全国老年远程教育示范区"称号。2019 年 11 月,万年上坊乡奎田村老年学校、大源镇大源村老年学校被评为"全国老年远程教育优秀收视点"。万年县 162 个村(居)委会有 84 个开通了老年远程教育。该县上坊乡奎田村全村有 60 岁以上老人 172 人,参加老年学校学习的人员达 135 人,占老年人口的 78%。广丰区 228 个村居(社区)已先后建起村级老年学校。以创评各级示范校为动力,推动四级老年大学(学校)建设,是上饶老年远程教育的一大亮点。2010 年上饶老年大学被评为省级示范校,2017 年被评为全国示范老年大学。全市 11 所县级老年大学有 10 所被评为省级示范校。从 2016 年开始,全市有 40 所乡镇分校被市委组织部、老干部局评为市级乡镇示范校。万年、鄱阳和婺源县成为中国老年大学协会会员校。

各县市区老年大学以深入开展创建市级乡镇示范校和县级村居示范校活动为抓手,引领基层社区老年教育的快速发展。鄱阳县在 331 个行政村建立了老年学校,评选了 20 所县级村居示范校。弋阳县抓了 34 个县级村居示范校试点,2020 年验收。广丰区争取再创建 2 个以上市级乡镇示范校和 10 个以上区级村(居)示范校。余干县建立村级老年学校 58 所,计有学员 1 500 余人。横峰县计划 2020 年建好全县乡镇分校和 5 个村居老年学校。

四、存在的困难和问题

老年远程教育在发展中也存在一些困难和问题。

1. 主抓缺推手,认识待提高

某县校负责人反映,中央、省里大的政策多,可以操作的少;对老年远程教育会议文件多,检查督促少;主抓单位不明确,靠老年大学一家是难以推动的。一些地方在推进老年远程教育工作中,明显表现出动力不足,指导不够,领导不力。在认识上,少数老年教育机构对传统教学重视,对远程教学一般持应付态度。从调查看,不了解远程教育情况的学员占27.47%,认为开展远程教育可有可无的占6.87%,认为没有必要的占1.29%。这些说明一部分学员对远程教育并不了解,认识不足,今后有待于加强宣传工作,以提高农村老年人对老年远程教育的认知度。

2. 政策不到位,经费难落实

高质量的教育必须要有充足的经费作为后盾,才能够保证后续发展有动力。全市认真贯彻国务院办公厅《老年教育发展规划(2016—2020年)》、赣府发〔2018〕5号和饶办发〔2018〕19号文件,大部分县市经费落实情况较好。但少数地方影响经费落实的消极因素也不同程度地存在。调查显示,47.89%的教师认为农村老年远程教育缺乏经费来源。主要原因:一是经费缩水,市、县"两办"文件要求老年大学办学经费按学员人均拨付,有关部门不按编班人数而是按实有人数拨付,使办学经费大打折扣。二是少数县(市、区)没按县里"两办"文件要求办,不按学员人均划拨,致使办学经费达不到要求。三是不从实际出发,少数县对老年大学、老年体协、关工委、老年科协和老年活动中心等"五老"机构划拨经费不区别对待,各家都给几万元钱了账,县老年大学几千人也不多给一分钱。四是个别县的乡镇领导说,"县里有文件也没办法,没有钱"。五是乡村两级基本上都是老年党支部和涉老机构几块牌子一套人马,经费共享,上级对口单位强一点,抓得紧一点,这个单位的经费就多得一点。六是虽然农村经济发展了,出现了一批经济强村,但还有不少行政村没有什么集体收入,仅靠上级转移支付维持运转,投入老年教育的经费非常有限。

3. 渠道不畅通,管理缺懂行

首先,开展老年远程教育的渠道主要依靠组织系统党员远程教育网络、乡村文化站网络,其他远教网络要么收费,要么收不到,而且县里不能上传本地课件。其次,根据调查,有42.92%的学员、38.03%的教师认为网络管理缺少懂技术的管理人员。由于组织系统网络缺乏懂技术的管理人员,加上设备年久失修,学员学习积极性不高等因素,现在活动有点疲软。某县校负责人反映,该县组织系统乡、村的收视点至少有三分之一以上都垮掉了,没有传播平台导致远程教育工作难以开展。最后,省、市老年大学两级有网站,但未开通远程教育课程。县(市、区)建立网站的老年大学只有一半左右。只有万年、婺源和鄱阳县三个远程教育试验区有一些课程通过自己的网站传输。因此,目前市、县、乡、村四级开展远程教育的渠道不太畅通。

4. 课程更新慢,缺乏针对性

有的收费视频课程更新慢,安排的课程几乎是几年一贯制,很少更新内容。组织系统内的课程大都是时政方面的课程。县校负责人反映乡土教材少,理论的多;饮食旅游文化少,坐而论道的多。农村学员一是听不懂,二是不需要。所以,笔者在调查中发现,学员对课程的难度不太满意,特别是对可选择的课程不满意的人占16.31%,非常不满意的人,占比4.72%,满意度不高。由于老年远程教育的课程缺乏多样性、针对性、交互性、公益性,缺少课后跟踪反馈等相关问题的存在,因而阻碍了老年学员远程学习的步伐,导致参加集体学习的人较少。

5. 考核培训少,素质难提高

教师相关专业知识储备是否丰富,将直接影响教师的专业技能。乡村两级教师的状况大部分是退休返聘的人员,一部分人是七所八站的技术人员,教学经验本来就欠缺,加上培训和考核不多,他们的素质更难提高。笔者从调查中得知,有54.93%的教师反映学校没有建立老年远程教育考核制度。一些学校开展远程教育教研活动次数不多,有的甚至没有开展。部分学校对培训工作重视不够。有14.08%的教师反映获得老年远程教育培训进修机会比较少,38.03%的教师反映没有培训机会。也有部分教师自身专业发展意识比较淡薄,对相关知识的学习抓得不够紧。有22.53%的教师没有学习过老年远程教育理论知识,25.35%的教师没有学习过教学方法和远程技术。这些消极因素的存在,影响了部分教师素质的提高。

五、加强农村老年远程教育课程开发的对策

1. 明确一个方向

党的十七大提出:"培育有文化、懂技术、会经营的新型农民。"习近平总书记在十九届中共中央政治局常委同中外记者见面时的讲话指出:"全面建成小康社会,一个也不能少;共同富裕路上,一个也不能掉队。"党中央的部署和习近平总书记的讲话为农村老年远程教育指明了方向。"三农"问题,重点是农业问题,难点是农村问题,瓶颈是农民素质问题。没有农民科学素质的提高,再好的政策都是徒劳。调查显示,21.46%的学员只有小学及以下文化程度,38.63%的学员只有初中文化程度,说明农村老年群体的知识存量不多。要通过加强农村老年远程教育,开发远程教育课程的内容,注重因地制宜地集成本土化的远程教育资源,探索构建农村现代老年远程教育服务"三农"的新路径,提升农村老年群体的科学文化素质与创业致富能力,推进农村信息化与农业现代化建设,带动农村经济社会与新型城镇化发展。

2. 构建两端队伍

教师处于远程教育的最前端,是老年远程教育工作的重要支撑。只有发动好教师、发展好教师、发挥好教师,远程课程的开发才会有可持续发展的动力和源泉。一人传道授业,万人收听收看。所以,远程教育的出现对教师的专业化水平提出了新要求,特别是农村老年远程教育课程的多样化和受教群体的特殊性,都对教师的专业化水平提出了更高的要求。所以,开展老年远程教育的课程开发,最前端的工作就是要做好教师的选拔、培训和考核工作,使他们更加关心"三农"事业,了解农民需要、熟悉的专业知识,尽快地实现教育思维、教学方法、教学管理、教学手段的快速转换。建设好了一批合格的教师队伍,才能开发出一批又

一批适合"三农"需要的视频教材精品,更好地服务社会主义新农村建设。处于农村老年远程教育终端的是遍布农村网络平台的管理人员队伍。据调查显示,有42.92%的教师和38.03%的学员认为网络管理缺少懂技术的管理人员。为此,第一应配备好基层收视点懂技术的管理员,解决"有人管"的问题;第二,要加强领导,做好宣传工作,提高管理操作人员的责任感;第三,要建立远程教育设备的管理和维护制度,确保该系统的健康运转使用;第四,要加强对管理人员相关技术的培训,帮助他们树立新兴技术理念,掌握一些基本的信息化专业知识,负责做好所有收视点的设备操作与维护,组织教学和信息反馈工作,解决"能管好"的问题,使之能更好地为老年远程教育工作服务。

3. 搞好三家联合

在教师和教材确定之后,搞好课件的拍摄制作,建立传播平台,是课件开发的重要环节。省、市老年大学要发挥主观能动性,争取建立自己的影像制作室和摄像制作队伍,提高课程自主开发的能力。积极创造条件办好自己的网站和微信公众号,上传本校拍摄的优秀课程视频资源,形成一整套自主传播的平台。全国各地开发的老年远程教育资源应进行共享,避免资源浪费。建议由中国老年大学协会牵头,组织全国各省区市分别开发各自优势和特色的课件,提供各地老年人共享。

目前,在市老年大学自主开发课程和远程传输还存在较多困难的情况下,必须从实际出发,搞好三个联合。

一是联合市委组织部"党员干部现代远程教育网"搞好课程开发与传播。在其平台开设"老年大学"栏目,教学视频主要由市老年大学提供或购买。此平台是中组部部署,由各省、区、市具体实施,遍布全国各村(居),由村(居)党支部担责。有人抓有人管,是农村老年远程教育的主要平台和传播形式。利用此平台还能充分共享该网内所有教育资源,这无疑是最便捷、最有效的途径之一。

二是联合市电视台进行课程的开发与传播。在市电视台创建"老年教育"专栏,定时播放相关课程。由市老年大学协会与市电视台签署合作协议,栏目内容由双方合作完成。校方提供教师、场所,电视台负责栏目内容策划、录制、播放以及相关费用。2018 年 8 月,上饶广播电视台新媒体中心一成立,就实况转播了上饶老年大学艺术团的歌伴舞《十送红军》,之后两家每年都有合作项目。特别是 2018 年市老年大学协会与上饶广播电视台,联合开展全市老年大学首届"十佳最美风采老人"网络评选活动,各县(市、区)老年大学积极参与,参加评选投票达 856 105 人次,点击率之高、覆盖面之大前所未有。

三是联合市广播电视大学进行课程的开发与传播。各级电视大学创办时间久,远程教育经验丰富,设备齐全,技术全面,收视方便,社会知名度高。而市老年大学有着 30 多年的办学经验,有近百人的师资队伍和万名学员的规模,也有着自己独特的办学优势。当前,市电视大学也有面向社会、开展老年教育的任务,同时还有和市老年大学合作的意愿。强强联合,两相情愿,一拍即合,目前正准备洽谈合作事宜。

4. 把握四条原则

一是通俗性。据调查,农村学员初中和小学以下文化水平的约占 60%。课程开发应注意农村学员大部分文化水平偏低的现状,课程内容必须注意通俗性和平民化。讲课语言要言简意赅,使人一听就懂一看就会,不宜过多引经据典、拐弯抹角、故弄玄虚。不要因为学习内容过难,给学员造成心理压力,否认自我学习能力,失去信心;而要通过由浅入深地讲解新知识,增强学员的自信,满足他们的学习需求,丰富他们的老年生活。

二是集中性。首先,要讲究主题的集中。教师讲课时不能分散主题,用较多的篇幅去讲与主题无关痛痒的问题。如有的学校制作一堂唱歌课,教师开头把各种唱法以及唱法的代表人、代表作一一做了介绍,占用了大量教唱歌的时间,效果可想而知。其次,要讲究内容的集中。传统课程往往教过一段以后,由学员自由练习,这很正常。如果在视频课程中照搬传统课的教法,安排自由练习,不仅会分散教学内容,浪费教学时间,器乐课自由练习乐曲还会产生噪音。这堂课如果根据视频课程的特点,大家同步练习某段乐曲,就会有完全不同的效果。

三是多样性。老年远程教育课程的开发要注重内容题材的广泛性和多样性。老年人的学习需求既有基本的医疗保健需求,又有追求人生意义实现自我价值的需求;不仅要满足老年人个体的学习需求,而且还要满足社会对老年人的要求;既要满足其低层次的生理需求,又要满足其高层次的精神需求。老年远程教育开发的课程只有具备多样性,才能满足农村老年群体的不同需求。

四是针对性。老年远程教育不光是提高学员的学习兴趣,也是老年人"再社会化"的大通道,是老年人过好现代生活的必修课。因此,课程开发要有很强的针对性。一方面,课程开发要以科学合理的教育目的、丰富多样的课程内容,尽可能地满足老年人生活质量的提高和精神愉悦的各种要求。另一方面,课程开发要关注更新与优化老年人的智能结构,挖掘与开发蕴藏在个体身上的巨大潜能;能够使老年人多年工作积累下来的文化知识、专门技术、业务能力、实践经验得以维持并加以传播;通过老年教育开发和利用老年人才资源,变消费人口为生产人口,使老年人从"包袱"变为"财富"。

5. 满足五种需求

应从老年人的学习需求出发,因需设教,才能更好地发展老年教育事业。要加强对老年人学习需求的调研工作,按照大部分老年人的学习需求,有的放矢做好课程开发工作。

一是坚持政法理论课,解决认知需求。

当代老年人有着强烈的爱党爱国情怀。他们不仅关注自己的生活,更加关注党和国家的前途命运,关注社会的繁荣进步。为确保老年人能够紧跟时代"不落伍",思想认识"不掉队",政治学习"不误点",要加强对时政类课程的开发,积极传播主流声音,增强正向网络思想文化的渗透力、辐射力、影响力,使他们正确理解和认识目前形势,紧跟时代步伐,做中国特色社会主义建设的促进者。越来越多的老年人意识到学习法律,依法维权的重要性。因此,开发更多的法律知识课程,是保护老年人合法权益的需要。

二是突出养生保健课,满足生理需求。

老年人对医疗保健学习需求最高。马斯洛的需求层次理论中提到的生理、安全需要是人最基本的需求,此需求得到满足,才能追求更高层次的需求。我国虽然建立了比较完善的医疗制度,但看病难、看病贵,一直是老百姓最为关注的问题。调查显示,68.66%的学员为了身心健康选择了保健课。《黄帝内经》《四季养生》《穴位按摩》《常见病的预防》《老年心理学》等,还有强身健体的太极拳(剑、扇)、柔力球、健身球、健身气功等课程都深受学员的欢迎。弋阳县举办的"千人健步行、大型旗袍秀"老年人健身活动,有1 113名老人参加了健步行、639名老人参加了旗袍秀活动,盛况空前。

三是办活文艺娱乐课,形成快乐需求。

文艺娱乐课程是生活的重要组成部分,伴随着人的目标价值,在休闲娱乐中感受到人生的真正意义,是终身学习的一个方面。民族舞、广场舞、秧歌、旗袍秀、交谊舞、拉手舞、拉丁舞、肚皮舞、唱歌等音乐、舞蹈课程,二胡、笛子、葫芦丝、手风琴、军鼓、腰鼓等器乐课程,由于形象生动、趣味性强,使身心在愉悦之中更好地享受生活,因此深受农村学员的喜爱。特别是广场舞、交谊舞、唱歌等课程,参学人数占到各级老年大学总人数的三分之一左右。无论是城市还是乡村,广场上到处活跃着女学员晨练、晚练的身影。军鼓队、腰鼓队遍及各个乡村。有位村老年学校的教师通过培训和跟着光盘学习,掌握了100多个广场舞,大大活跃了农村文化生活。

四是巩固传统文化课,增强知识需求。

传统文化课,是中华民族的宝贵遗产,巩固文化课对于继承和弘扬中华民族的文化精神,树立文化自信,创建和推进中国特色社会主义文化,具有十分重要的作用。老年人对传统文化学习情有独钟,老年远程教育要加强绘画、书法、国学、通史、诗歌、散文、新闻写作课程的开发,通过这些传统文化课程的学习传播,实现以文化人、以文育人、以文聚人,弘扬优秀传统文化,创新校园文化建设的目标。

挖掘开发地方特色文化课程,是继承和发扬传统文化的一条重要途径。如鄱阳县是南宋著名诗人姜夔的故乡,从县老年大学到乡镇分校几乎都开设了诗词课,并创作了很多质量较高的诗集。婺源县太白镇是国家非物质文化遗产"傩舞"的发源地,该镇分校专门成立了40多人的傩舞班,创作了20多个傩舞节目,受到国家和江西省文化部门重视。赣剧、采茶戏、越剧、鄱阳县"渔鼓"、万年县的"连响"及民间流行的"串堂"等本土特色文化都很有生命力。开发好这些课程,可以满足农村学员对本土文化的展示、表达和欣赏的需求,树立他们的自尊心和自信心。

五是发展现代科技课,实现技能需求。

随着对外开放的扩大和科学技术的进步,老年人的求知欲在不断拓宽和更新,认识到信息时代知识的更新、信息的索取和传播的重要性。开发现代科技知识课,反映了老年人与时俱进的要求。农村老年群体想通过英语、电脑、智能手机、家电、农机使用维护技术、摄影、摄像等课程的学习,掌握新知识、树立新观念。开发这些课程,对于老年群体服务自我、服务家庭、服务社会有着直接的作用。

随着农业和农村经济结构的调整,工业化的推进和城镇化的提速,农村劳动力加快了由传统种植业向新型种植业、养殖业转移的步伐。而农民群众迫切需要的实用技术、致富信息严重不足。要面对农村开发科技普及、农业技术推广、市场营销等课程,帮助农民掌握各种种养、加工、营销技术,使种养规模越做越大,越做越强,实现发展一个产业,致富一方百姓的目标。

参考文献:

[1]　黎晓宁:《重庆市老年远程教育发展现状、问题及对策研究》,《硕士电子期刊》2019 年第 8 期,第 19－36 页。

[2]　张静:《老年人学习需求与主观幸福感关系研究》,《硕士电子期刊》2018 年第 7 期,第 31－34 页。

作者简介:

胡德江,中国老年大学协会学术委员会第三届委员;江西省老年大学协会老年教育理论研究工作委员会副主任;江西省老年大学协会老年远程教育工作委员会副主任;上饶老年大学常务副校长兼教育长;中共上饶市委党校原常务副校长、教授。

江西省九江市老年远程教育发展现状与思考

为贯彻落实国务院办公厅印发的《老年教育发展规划（2016—2020）年》文件，根据2019年5月25日华东地区老年教育协作会议上通过的《华东地区农村远程老年教育课程需求调研及开发》的要求和江西省老年大学课题调研组拟定的《问卷调研及访谈提纲》，九江市老年大学、九江市老年大学协会于2019年10—11月，组织了认真深入的调研。调研分两种形式进行。一是实地调研。课题组组成两个调研组，分别赴我市湖口县、都昌县、庐山市、瑞昌市、柴桑区、德安县等6个县（市、区），通过集体座谈、个别访谈、实地参观等方式，听取基层老年大学领导、教师、学员的意见和建议，了解县、乡（镇）、村三级老年远程教育在推进过程中的做法和困难。二是问卷调查。面向市校在内的15个市、县级和部分乡镇老年大学发放江西省老年大学课题调研组拟定的《问卷调研及访谈提纲》。共发出1 660份调查问卷，其中教师调查问卷160份，学员调查问卷1 500份，收回有效调查问卷1 125份，其中教师调查问卷149份，学员调查问卷976份。本文以此次实地调研和问卷调查为论述基础，探讨九江市老年远程教育的发展现状，阐述笔者对于九江市老年远程教育的几点思考。

一、教师对老年远程教育的认知

从调查问卷的结果来看，大部分教师对于老年远程教育有基本的了解，但对相关知识和教学方法只有粗浅的学习，学习老年远程教育相关知识比较被动。获得老年远程教育培训、进修的机会比较少，但普遍认为进修对专业水平的提升有一定的积极作用。对于远程教育专业发展的计划不太明确，对于从事老年远程教育科学研究的意愿不太强烈，所在学校开展远程教育教研活动的次数也不多。寻求老年远程教育专业发展主要是为了掌握远程教学能力，以及帮助学员更好地接受和掌握知识。能接受理论讲授、案例分析、说课评课、研讨交流、实践指导多种老年远程教育培训方式，希望接受远程教育基础知识培训、现代教育技术培训、多媒体技术培训、课件开发培训等方面的培训内容。

表1

教师性别：			
男：50.68%		女：49.32%	
教师年龄：			
30 岁及以下：4.05%	31 岁—40 岁：9.46%	41 岁—50 岁：22.97%	51 岁及以上：63.51%
教师目前的学历：			
专科以下：13.61%	专科：40.14%	本科：45.58%	硕士及以上：0.68%
教师的类型：			
专职：22.96%		兼职：77.04%	
教师的职称：			
正高：0.70%	副高：16.78%	中级：46.15%	初级：11.89%	无职称：24.48%
从事老年教育的年限：			
1—3 年：34.75%	4—10 年：47.52%	11—20 年：10.64%	20 年以上：7.09%

（续表）

教师来源：		
大学在职教师：2.76%	中学在职教师：22.76%	小学在职教师：11.72%
大学毕业后直接从事老年教育：4.14%	相关部门或行业的技术人员：34.48%	退休返聘：24.14%

是否担任教学以外的行政职务：	
是：15.67%	否：84.33%

对老年远程教育的了解情况：			
十分了解：2.08%	了解：40.97%	一般了解：43.06%	不了解：13.89%

对老年远程教育（相关知识/教学方法）的学习情况：

	系统学习过	较为系统学习过	粗略学习过	没有学习过
相关知识	2.76%	14.48%	44.14%	38.62%
教学方法	3.50%	11.89%	40.56%	44.06%

所在学校每学期开展关于远程教育教研活动的次数：

0次：32.09%	1—2次：40.30%	3—4次：20.90%	5—6次：6.72%	7次及以上：0.00%

在学校工作时间之外主动学习老年远程教育相关知识情况：			
经常学习：5.63%	偶尔学习：27.46%	有需要时学习：47.89%	从不学习：19.01%

获得老年远程教育培训、进修机会：			
很多：0.71%	一般：14.89%	比较少：26.24%	没有：58.16%

远程培训进修后，专业水平如何：			
很大变化：1.80%	有变化：61.26%	变化很小：10.81%	没有变化：26.13%

能接受的老年远程教育培训方式：

理论讲授：16.55%	案例分析：17.57%	说课评课：18.92%	研讨交流：20.95%	实践指导：26.01%

需要接受的培训内容：

远程教育基础知识培训：20.26%	现代教育技术培训：19.94%	多媒体技术培训：30.55%	课件开发培训：19.29%	远程科研培训：9.97%

（续表）

远程教育专业发展计划：			
有明确的目标与计划：5.76%	一定思考和大致安排：41.01%	目标不明确，很少考虑：35.25%	从没有想过，也没什么计划：17.99%
从事老年远程教育科学研究的意愿：			
有明确的意愿：12.95%	一般：64.03%		没有意愿：23.02%
寻求老年远程教育专业发展的动力主要来源：			
完善老年远程教育理论实践知识：17.75%	掌握远程教学能力：34.63%		帮助学员更好地接受和掌握知识：47.62%

目前，全国老年远程教育处于探索阶段，师资队伍不稳定，老年远程教育考核制度不完善、没有形成对老年远程教学质量定期考核的制度，薪资福利待遇差强人意，师资培养比较匮乏等可能是导致教师向老年远程教育方向发展积极性不高的原因。

表2

老年远程教育师资队伍稳定性：			
非常稳定：2.11%	稳定：24.65%	不稳定：67.61%	很不稳定：5.63%
所在单位专门对教师远程教育的考核制度：			
有：28.37%		没有：71.63%	
所在学校对远程教学质量进行评价：			
经常：7.19%	偶尔：38.85%	几乎没有：25.18%	从来没有：28.78%
对远程教育教学评价主要集中在：			
教学学时：16.47%	点击率：15.29%	学生满意度：68.24%	
学校现行的教师远程教育考核制度对教师远程教育教学工作的影响：			
积极的引导和促进作用：52.94%	只是走过场没有多大帮助：19.12%	说不清：27.94%	

（续表）

工作稳定性/薪资福利待遇/工作考核情况/师资培养制度			
	非常满意	比较满意	一般	不太满意
工作稳定性	23.57%	54.29%	22.14%	0.00%
薪资福利待遇	16.67%	42.75%	31.88%	8.70%
工作考核情况	13.57%	47.86%	38.57%	0.00%
师资培养制度	12.23%	22.30%	46.76%	18.71%

教师认为,设施老化、缺少技术型管理人员、发展不平衡、参与学习的人员不多、缺乏经费来源、信息源不多、学习资料少都在不同程度上制约着老年远程教育的发展。

表3

发展老年远程教育存在的主要困难:			
设施老化:11.81%	缺少技术型管理人员:15.66%	发展不平衡:14.22%	参与学习的人员不多:13.98%
缺乏经费来源:19.28%	信息源不多:8.43%	学习资料少:13.25%	上课不规范:3.37%

二、学员对老年远程教育的认知

大部分老年学员家里有电脑、智能手机或者安装了智能机顶盒,但对于电脑、智能手机和智能互动电视的基本操作不太熟练,相较于电脑,使用智能手机和互动电视更为频繁。

虽然对于老年远程教育不太了解,但认为有必要开展老年远程教育。多数老年人是从老年远程教育学校和老年电视教育渠道参加老年远程教育,大多采用智能手机和电视媒介参与,以每周、每月、几乎不参加为频率接受老年远程教育的老年学员占比较大。

表4

学员性别：			
男：40.47%		女：59.53%	
学员年龄：			
50—59 岁：35.04%	60—69 岁：45.97%	70—79 岁：17.67%	80 岁及以上：1.33%
学员户籍：			
城镇：70.26%		农村：29.74%	
学员文化程度：			
小学及以下：5.38%	初中：32.56%	高中：41.18%	大专及以上：20.89%
目前的收入：			
500 元及以下：5.42%	500—999 元：9.30%	1 000—1 999 元：21.06%	2 000 元及以上：64.21%
身体状况：			
很好：24.22%	比较好：70.45%	比较差：4.82%	很差：0.50%
是否有电脑(台式/笔记本)：			
有：70.44%		没有：29.56%	
是否有智能手机：			
有：90.30%		没有：9.70%	
是否安装了广电网络智能互动机顶盒：			
有：74.33%		没有：25.67%	
关于电脑上网的基本操作：			
很熟练：9.03%	一般熟练：39.63%	会一点：34.91%	完全不会：16.43%
关于手机或平板电脑上网的基本操作：			
很熟练：9.05%	一般熟练：43.08%	会一点：33.61%	完全不会：14.26%
关于智能互动电视的基本操作：			
很熟练：6.60%	一般熟练：36.63%	会一点：36.32%	完全不会：20.45%

（续表）

使用电脑上网的频率：			
每天：19.67%	每周 1—2 次：25.46%	每月 1—2 次：11.58%	极少使用：43.28%
使用手机上网的频率：			
每天：55.74%	每周 1—2 次：16.81%	每月 1—2 次：8.51%	极少使用：18.94%
使用智能互动电视的频率：			
每天：30.00%	每周 1—2 次：21.21%	每月 1—2 次：10.00%	极少使用：38.79%

表 5

对老年远程教育的了解情况：			
非常了解：14.66%	基本了解：48.97%	不了解：36.37	
认为老年远程教育有开展的必要：			
十分必要：27.80%	必要：52.54%	可有可无：15.33%	没有必要：4.33%
参加过的老年远程教育形式：			
老年远程教育学校：30.57%	老年电视教育：32.89%	老年广播教育：6.09%	
老年网络教育：10.11%	光盘学习：11.57%	组织部党员远程教育：8.77%	
主要通过何种媒介参与老年远程教育：			
电脑：15.18%	电视：37.30%	广播：3.56%	平板：3.94%	手机：40.02%
日常参加老年远程教育的频率：			
每天：12.97%	每周：29.83%	每月：18.16%	每年：9.79%	几乎不参加：29.25%

　　多数老年学员参加远程教育的目的，首先是为了培养兴趣爱好，丰富业余生活，其次是为了拓宽知识面，提高文化水平。大部分老年学员的子女对于父母参加老年远程教育都报以支持的态度，文学历史、戏曲音乐、养生保健、拳操健身、乐器演奏和书法绘画是老年学员比较感兴趣的课程，多数老年学员希望能通过

老年远程教育的学习达到初步了解一般掌握的水平,其次是系统学习基本掌握。

表6

参加老年远程教育的主要目的:				
培养兴趣爱好,丰富业余生活:57.89%	拓宽知识面,提高文化水平:23.16%	咨询保健方法,锻炼强壮体魄:8.29%	结交朋友,谈心聊天:7.04%	打发时间,排遣寂寞:3.63%
子女是否支持参与老年远程教育:				
非常支持:32.37%	支持:48.44%	一般:16.85%	不支持:2.23%	反对:0.11%
对老年远程教育感兴趣的课程类别:				
文学历史:13.55%	戏曲音乐:21.17%	养生保健:15.96%	拳操健身:10.83%	乐器演奏:13.06%
家庭教育:5.94%	法律常识:4.58%	信息技术:4.71%	书法绘画:10.20%	
希望学习老年远程教育课程后达到的要求:				
初步了解,一般掌握:62.63%	系统学习,基本掌握:27.47%	系统研究,完全掌握:6.40%	深入钻研,能出成果:3.49%	

对于已开设和可选择远程课程的内容多样性、内容满意度、难易接受度、远程教师的专业知识水平、远程教学形式的多样性和对自我提升的帮助方面大多数老年学员比较满意。

表7

已开设和可选择的远程课程(内容多样性/内容满意度/难易接受度/是否有帮助/教师的专业知识水平/教学形式多样性)					
	非常满意	满意	一般	不满意	非常不满意
内容多样性	16.55%	41.61%	38.34%	2.91%	0.58%
内容满意度	21.00%	38.79%	33.33%	5.58%	1.30%
难易接受度	18.67%	36.50%	40.07%	4.04%	0.71%
是否有帮助	14.37%	37.89%	38.84%	6.77%	2.14%

（续表）

	非常满意	满意	一般	不满意	非常不满意
教师的专业知识水平	24.24%	39.76%	32.48%	2.91%	0.61%
教学形式多样性	16.36%	41.09%	38.18%	3.39%	0.97%

　　老年学员认为目前发展老年远程教育存在的困难主要是在设施老化、缺少懂技术的管理人员、发展不平衡、参与学习的人员不多、缺乏经费来源和信息源不多等方面。

表8

发展老年远程教育存在的困难主要有：			
设施老化：12.87%	缺少懂技术的管理人员：16.61%	发展不平衡：17.38%	参与学习的人员不多：14.65%
缺乏经费来源：14.53%	信息源不多：16.49%	学习资料少：5.04%	上课不规范：2.43%

三、九江市发展老年远程教育的做法

　　优秀视频课件是发展老年远程教育的重要组成部分，九江职业大学援助我校的一套摄录编播设备为我校开启了发展老年远程教育的新征程。自此，九江市老年大学在众多专业人士的指导下，集思广益，逐步把专门设立的摄录编播教室改造成了专业演播室，铺设隔音地板、吸音墙面，增加灯光系统、电视一体机，完善拍摄过程中需要的各种器材设备。成立校视频编辑部，下设摄像和后期编辑两个工作小组。九江市老年大学充分利用自身资源，积极在学员群体中发现人才，由市电视台退休的学员干部作为技术指导，视频拍摄和后期制作班的学员爱好者作为摄像和编辑，共同承担起学校视频课件的拍摄和后期制作工作。选取本校发展成熟的专业和优秀的教师作为视频课件的拍摄题材,由授课教师拟写课程大纲和分集概要,分管领导审核通过后,校视频编辑部成员座谈讨论拍摄思路并完成拍摄和后期制作,分管领导审核样片提出修改意见,视频编辑部针对意见完成修改并生成成片。视频编辑部的成立填补了学校自主研发视频教材的空白,既为学校节约了经费,为教师录制视频教材提供了有利的条件,又为摄像与制作专业的学员开辟了第二课堂,为学校培养了专门人才,促进了我市老年大学远程教育的发展。

考虑到目前绝大多数老年人对于电脑、智能手机的普及程度不高,对这些设备的操作比较生疏,学习和接受能力弱,相较于使用电脑和智能手机更习惯于收看电视。比较而言利用广电网络互动平台来开办老年远程教育优势很多。第一方便落户。现在我们大部分家庭正在使用广电网络的机顶盒,只要把目前正在使用的数字机顶盒更改成智能机顶盒就可以实现落户。第二舒适收看。由于机体自然规律原因,老年人的视力随着年龄增长在逐渐衰退,老年人需要比较舒适的学习环境,落户后可以使用电视大屏进行收看,可以在沙发上、床上收看,因天气不好、身体不适等原因来不了学校的时候,老年人可以在家里收看,不限时间,不限时长,一遍学不会还可以反复观看。第三可以直播。县级老年大学只需在教室里安装一个摄像头和一台机顶盒就可以实现教学实况直播,方便缺少师资力量的乡镇分校和村级教学点收看县校现场直播教学。第四让人放心。广电网络是党政思想的宣传部门,他们政治意识比较强,政治上让人放心;广电网络在经营的二三十年间,建立起了一支拥有强大技术力量的队伍,在技术上让人放心;广电网络的领导班子和员工基本上都是本地化的,我们熟悉,情感上让人放心。为此,我市老年大学、老年大学协会选择与江西广电网络公司九江分公司合作,利用互动机顶盒在电视平台上开办老年远程教育,形成市校带头安装、动员县校和乡镇分校安装、鼓励学员安装远程教育终端的发展模式。目前,远程教育平台共设置了思想品德、国学、书法、美术、舞蹈与体育、摄影与摄像、声乐、器乐、戏剧与曲艺、养生与健康、家庭实用技能、农业种养技术12个专业类别,上线了

806 节、共计 14 950 分钟时长的课程,我们的课程资源主要来源于购买、交流和市校、县校制作等,今年我校新录制的国学、舞蹈单元课程,声乐、非洲鼓系列课程和树立新的老龄观讲座也在完成后第一时间安排上线。

我市 217 个乡镇(街道)中,有 49 个乡镇(街道)安装了老年远程教育终端,占全市的 23%,还有 39 个终端在安装中,安装完成后老年远程教育覆盖率可达到 47%;全市 2017 个村(社区)中,已经安装完成老年远程教育终端的有 127 个,占全市的 6%,2019 年底村(社区)终端覆盖率可达到 13%。争取 2020 年底前,完成以各种形式经常性参与教育活动的老年人占老年人口总数的比例达到 20% 以上,县级以上城市原则上至少应有一所老年大学,50% 的乡镇(街道)建有老年学校,30% 的行政村(居委会)建有老年学习点,50% 的县(市、区)可通过远程教育开展老年教育工作的目标。截至 2020 年,我市已有九江市、彭泽县、修水县、柴桑区、瑞昌市、庐山市 6 个地区的老年大学成功申报全国老年远程教育试验区,瑞昌市、彭泽县、修水县 3 个地区的老年大学被评为全国老年远程教育示范区。

四、发展老年远程教育的几点思考

1. 要高层次整合资源

国务院办公厅印发的《老年教育发展规划(2016—2020 年)》提出:"加强对农村散居、独居老人的教育服务。加强数字化学习资源跨区域、跨部门共建共享,通过互联网、数字电视等渠道,加强优质老年学习资源对农村、边远、贫困、民族地区的辐射。运用信息化手段,为老年人提供导学服务、个性化学习推荐等学习支持,开发整合远程老年教育多媒体课程资源。"

(1)整合平台资源

目前,全省乃至全国自上而下没有建成一个统一的具有一定辐射规模的综合性老年远程教育平台。当前的老年远程教育都是各自为政,各地市老年大学自己摸索开展老年远程教育。老年大学经费有限,完全由老年大学负责建立平台和终端有困难,将开通远程教育终端的费用分摊到老年学员头上,增加了老年学员的经济压力,扼制了老年学员主动接受老年远程教育的积极性,达不到推广老年远程教育的效果;大量优秀的课件资源因版权和费用的问题流通受制,本地老年远程教育资源有限,无法发挥远程教育的优势。建议由中国老年大学协会牵头,建立统一的老年远程教育平台,平台开通电脑端、平板端、手机端、电视端多种终端口,以满足不同老年人的学习习惯。各地区可将自主研发的优秀课件上传到平台,由平台管理部门统一审核,统一上线,各地老年学员不仅可以通过平台观看到其他地区的优秀视频课件,也可以看到带有本地地方特色的课件资源。

（2）整合课程开发资源

受经费和师资力量的限制,各地市老年大学完全靠自主开发视频课件不是长远之计。建议由中国老年大学协会组织优秀教师研发视频课件。由中国老年大学协会出面,与其他相关部门协商,由版权持有方免费或以优惠价格提供适合老年人学习的已录制成熟的优秀视频课件资源,上传到老年远程教育平台,充实平台学习资料。

（3）整合现有教育文化资源

充分整合利用现有教育机构和文化资源,助力老年远程教育向乡村一级辐射。鼓励县城的文化站、老年体协、老年科协、关工委等单位和组织合作开展老年远程教育,利用每月固定集中活动的时间安排开展远程教学活动。把村委会组织起来,拟定相关制度,由村委会统一安排开展老年远程教育学习的周期和时间。

2. 要开发适宜的课程

通过调研走访和分析调查问卷结果我们发现,不同专业课程需求的老年人除个人兴趣外,存在一定程度上可归纳的群体共性。

（1）历史国学、文学书画：多为出生于 20 世纪四五十年代的机关企事业单位人员。这些人员有一定的文化基础,在那个时代受到过良好的教育,在当时还没有受到西方文化冲击的大环境下,大多接受过中华优秀传统文化的熏陶,内心保留着对中华优秀传统文化的向往。

（2）英语口语、小语种：这些老年人分为两种,一种是子女在国外生活工作的"候鸟"老人,他们每年都会定期出国几个月,看望子女、帮忙照顾第三代;另一种是喜欢出国旅游的老年人。这两种老年人都是希望通过对英语口语、小语种的学习,提高外语水平,以便与当地人进行交流,帮助了解和融入当地社会。

（3）摄影摄像、插花茶艺、时装走秀、时尚美学：这些老年人多生活在城区,在信息传播更为发达的环境中,他们每天从电视、网络等各种宣传渠道接收新鲜资讯,在耳濡目染中接受新鲜事物,有更多机会与年轻人交流接触,更易接受年轻人传递的思想理念,对于在年轻群体中流行的事物抱有强烈的好奇心。

（4）母婴育儿、安全防范基本常识：多为农村的留守老人,青壮年外出务工补贴家用无暇照顾子女,这些儿童被留在家中由老年人照顾,但受家庭条件限制,这些老年人大多文化程度不高,没有接受过良好的教育,在照顾儿童时难免发生意外,他们希望通过学习加强安全防范,科学育儿,教育好下一代。

（5）广场舞、地方戏曲：除了照顾留守儿童以外,随着家庭收入和生活水平的提高,更多的农村老年人开始关注自身的生活质量。在走访调研中,我们看到不少行政村都成立了自己的文化队,他们排练节目、参加比赛、慰问演出,组织多种文化活动丰富自己的业余生活,他们希望通过学习远程教育平台上的课程,丰富表演内容,提高表演水平。

（6）养生保健：老年人有自己的群体特殊性,随着年龄的增长,他们新陈代谢减慢,身体机能处于衰退阶段,保持身体和心理的健康,有益于提高老年人晚年生活质量,这使得不少老年人关注养生保健方面的内容。

《老年教育发展规划（2016—2020 年）》提出,在办好现有老年教育的基础上,将老年教育的增量重点放在基层和农村,形成以基层需求为导向的老年教育供给结构。基层和农村地区缺少优秀的师资力量和课程资源,发展农村老年教育必然依靠老年远程教育为主要抓手。这就要求我们在研发视频课件时,要充分考虑到老年人,特别是农村地区老年人的需求,有针对性地研发村民喜爱的、适应农村老年人需求的、适合老年人远程学习的视频课件。并针对不同需求的人群不断丰富远程教育平台上的相关课程资源,就能基本保证尽可能满足绝大部分老年群体的需求。

3. 要分级建立辅导教师队伍

《老年教育发展规划(2016—2020年)》提出"加快培养一支结构合理、数量充足、素质优良、以专职人员为骨干、与兼职人员和志愿者相结合"的要求建设教师队伍。要建立教师资源库,逐步到位专职教师,稳定兼职教师。加强与各阶段教育之间的师资交流,优化教育资源配置,各级各类学校和有关单位要鼓励支持教师和行业优秀人才到老年大学兼职任教,并纳入本单位工作量考核。发展农村社区老年教育,培养建立农村辅导教师、志愿者队伍。要建立岗位培训制度,搭建教学交流平台,提高教师从事老年教育的适应性。建议由中国老年大学协会牵头,定期举办线上线下老年远程教育方面的教师培训,邀请优秀教师分享教学经验,加强地方教师业务交流,建立稳定的师资培养渠道。

4. 要出台扶持政策

没有国家级单位发布指导意见和政策扶持,九江市各县(市、区)老年远程教育发展很不平衡。以九江市为例,目前瑞昌市、柴桑区、濂溪区、湖口县、庐山市5个地方的乡镇老年大学覆盖率已经达到50%以上,在今年年底,通过老年远程教育,村老年教学点可以完成30%的目标,明年争取达到乡、村老年远程教育网络全覆盖;而都昌县、彭泽县、永修县、共青城市、德安县、浔阳区老年远程教育工作推进缓慢。武宁县更是因为全区使用农网的原因,乡、村一级老年远程教育工作无法推进。要改变现状,首先需要政府部门牵头,将辖区内所使用的农网更改成全市统一使用的网络,没有国家级单位发布的指导意见和政策依据,光靠县级老年大学自身很难推动克服老年远程教育发展中存在的阻碍。在调研走访中,不乏有成功申报远程教育实验区的地区反映,在探索老年远程教育发展时像是逆风中的独行者,对未来发展方向感到困惑时,没有领袖性的发展指导意见和政策作为指引而时常感觉束手无策,强烈希望得到国家有关单位的发展指导意见和政策扶持,倡议国家出台相关扶持政策并要求落实,将老年教育纳入国民教育体系。

5. 要保障资金支持

不论是目前发展尚好的县(市、区)还是发展暂为缓慢的县(市、区),普遍存在经费紧张、师资和人员匮乏的问题。发展老年远程教育少不了设备、人员和场地的建设,这些都需要经费支持。为更好地发展老年远程教育,倡导各级政府加大对老年教育的资金投入,将发展老年教育工作纳入政府财政预算,对于老年远程教育工作的推进给予一定数量的资金支持,在现有条件的基础上整合闲置资源扩大办学场地,更新设备,提高待遇,稳定师资,吸引更多从业人员投入老年远程教育。政府加强对乡、镇、村一级的经费投入,把老年远程教育纳入村里经费保障。

通过此次对县、村两级老年远程教育方面的走访调研和对《华东地区农村老年远程教育课程需求调研及开发》课题研究调查问卷的统计分析,更能体会到老年远程教育是一项庞大复杂的利民工程,不是一所学校、一家单位就能轻而易举促成的。只有靠党委政府牵头,聚合各界力量,整合资源,协同合作,才能将老年远程教育办好,尽可能发挥老年远程教育的积极作用。

作者简介:

胡茜,江西省九江市老年大学教务处四级主任科员。

任祥照,江西省九江市老年大学副校长。

《华东地区农村老年远程教育课程需求调研及开发》
课题调研报告

2019 年 5 月 25 日,在烟台市召开的 2019 年华东地区老年教育协作会议,对《华东地区农村老年远程教育课程需求调研及开发》课题进行了课题介绍和任务分解。为深入贯彻此次会议精神,推进山东分课题有序开展,在充分准备的基础上,山东省老年大学协会组织召开了开题会,并下发了专题通知,对课题的背景意义、主要任务及分工、进度安排等进行了明确和强调。各会员校高度重视,克服人员少、任务重等诸多困难,积极按通知要求推进课题开展。按照省协会统一下发的调查问卷组织开展各自区域内的调查研究和课程遴选。根据总课题组要求,现将调研情况汇报如下。

一、山东省基本情况

山东省是经济大省,国内生产总值稳居全国第三;是文化大省,是孔孟之乡、礼仪之邦;是人口大省,2017 年年底常住人口突破 1 亿;山东也是老龄化程度较高、老年人口增长速度较快的省份之一。山东省在 1994 年进入老龄化社会,是全国第六个进入人口老龄化的省份;2016 年,全省老年人突破 2 000 万,占全省总人口的比例超过了 20%,进入中度老龄化社会;截至 2018 年年底,全省 60 岁及以上老年人 2 239 万,占全省总人口的 22.29%,高出全国平均水平 4.4 个百分点,是全国唯一老年人超过 2 000 万的省份。据预测,到 2035 年,山东省老年人口占比将超过 30%,进入深度老龄化社会,老年人口基数大、占比高、速度快。

截至 2017 年年底,山东省共有老年大学(学校)6 152 所,分别是省市县三级老年大学 151 所(其中有 43 所老年大学加入中国老年大学协会),企业老年大学 72 所,乡镇街道老年大学(学校)843 所,村社区老年学校 5 040 所,养教结合老年大学 46 所。全省老年大学(学校)在校学员 55.17 万人,校舍面积 115.4 万平方米,在经济发展较好的地区基本形成了市、区(县)、乡镇(街道)、村(社区)的四级办学体系。其中,市级老年大学平均学员 5 000 人,平均校舍面积 8 000 平方米;县级老年大学平均学员 1 000 人,平均校舍面积 2 000 平方米。全省通过老年大学远程教育平台、家庭电视老年大学等方式开展在线学习的老年人近 200 万,目前以各种方式接受教育的老年人占全省老年人口的 12%。

调查显示,各级老年大学在课程内容设置上也是在不断地更新和丰富,在传统课程的基础上,不断根据老年人的需求增设热门班。课程层次设置上,开设基础班、提高班、研究班,形成了知识递进、技能递进、专业递进的发展式结构,解决了学员知识水平参差不齐的问题。课程时间设置上,开设固定班、短训班、交流班,形成了资源统筹、时间统筹、人员统筹的灵活性机制,提升了时间、空间、资源的利用率。

二、问卷基本情况

在总课题组提供的调查样卷的基础上,山东省分课题组结合本省实际情况重新设计了调查问卷,在全省范围内面向农村、社区等基层老年人进行调查。

　　从汇总的情况看,共回收统计的调查问卷共约 20 000 份,重点在乡镇(街道)、村(社区)两级老年人中进行调查。本次问卷调查男性占 46%,女性占 54%;年龄50—59 岁占 53%,60—69 岁占 42%,70 岁及以上占 5%;受教育程度小学及以下6%,初中占 75%,高中(中专)及以上占 19%;年收入 1 万元及以下占 11%,1 万元至 2 万元占 21%,2 万元及以上占 67%;居住地附近文体活动场所,有老年大学(分校)及村(社区)活动室(文化广场)达到 55%,仅有村(社区)活动室(文化广场)占45%;居住地附近文化活动有正规的老年教育活动的占 53%,有自发文体活动的占 70%,有文化下乡活动的占 65%;家中或居住地附近开展老年远程教育的基本条件中,家中开通了有线电视的占 80%,家中有电脑并已连接互联网的占 55%,居住地附近有远程教育教学点的占 52%;参加老年教育(文体)活动,经常参加的占82%,偶尔参加的占 12%,从不参加的占 5%,想参加,但没条件的占 1%;对所在地老年远程教育开展情况很满意的占 85%,一般占 12%,不满意的仅占 3%;认为下一步老年远程教育需加强课程资源的占 62%,加强平台建设的占 42%,加强组织管理的占 7%,加强教学点建设的占 16%。

　　从远程教育的学习需求看,希望通过远程教育学习创业增收中的手工艺(如草编、柳编、结艺、剪纸、面塑)、家政服务(如月嫂、婴幼儿护理、养老护理)、农产品网络营销达 96%;学习农业技术中的养殖技术、种植技术、加工技术、病虫害防治达 94%;学习文化养老中的地方戏曲的占 52%,声乐类(如流行歌曲)的占22%,器乐类(如二胡、葫芦丝)的占 11%,书法的占 36%,绘画的占 4%,传统文化的占 21%;学习健康养生中饮食营养、保健养护、疾病预防、舞蹈体育(如广场舞、秧歌、太极拳)、心理健康的达到 95%;其他类别中学习法律常识、家电使用、政策解读的占 82%,计算机、手机使用的占 46%,家庭、邻里关系调解的占 24%;有意愿和时间参加老年教育(文化)活动的占 72%,不愿意参加的占 28%;更愿意通过有线电视接受老年远程教育的占 65%,通过电脑上网接受的占 25%,手机上网接受的 10%;更愿意在正规教学点接受老年远程教育的占 45%,本人(亲朋)家中占 42%,两者都可以的占 13%。

三、调查中发现的主要问题

山东省的老年远程教育工作自开展以来,虽然取得了一些成绩,在促进基层组织建设、提高群众素质等方面发挥了明显的作用,但在实际工作中还存在一些无法回避的现实问题和困难。经过调查分析,主要有以下四个方面:

一是集中组织学习有困难。由于农村老年人大多数仍是家里的主要劳动力,平时主要是在田间劳作,要是把老年人集中到远程教学点,存在一定困难。

二是部分群众参与学习兴趣不高。由于部分地区老年人文化水平不够高、学习意识不够强,没有将学习的重要性提到一定高度。同时,受当地经济条件和文化氛围的限制,部分群众缺乏参与学习的兴趣。

三是现有课程资源不够丰富。通过调查问卷可以看出,基层老年人希望通过远程教育学习农业技术中的养殖技术、种植技术、加工技术、病虫害防治和创业增收中的手工艺(如草编、柳编、结艺、剪纸、面塑)、家政服务(如月嫂、婴幼儿护理、养老护理)、农产品网络营销等课程的愿望比较强烈。但是现有课程资源大多更加符合城市老年人需求,用以丰富精神文化生活的课程,存在内容单一、适用性差等问题。

四是远程教育覆盖面不足。山东省的远程教育建设存在着发展不平衡不充分的突出问题,很大程度上受制于各地经济发展水平和当地党委政府的重视程度。另外,现阶段各乡镇、街道没有专项经费购买安装远程教育设备,教师人员配备不够,大多数是兼职。管理操作人员的业务能力和操作水平还有待于进一步提高,部分学校缺少相关工作人员。

四、下一步主要工作

在总课题组的安排部署下,督促各会员校严格落实好山东省老年大学协会下发的《关于推进〈华东地区农村老年远程教育课程需求调研及开发〉课题开展的通知》要求,根据分析结果、课程遴选情况及经费承担能力,合理制订课件开发计划,开发出一批符合农村老年人需求的远程教育课件,切实通过该课题的完成来提高老年远程教育课件资源的覆盖面和适用性,进一步丰富老年人的精神文化生活,也为老年学员致富创收提供一定技术支持。同时,结合我省、我校实际,在下一步工作中将着重做好以下几个方面的工作。

第一,以制定《山东省老年教育条例》为契机,对相关问题加以规范和解决。在当前省内各级党委、政府日益重视老年教育、不断加强老年教育的大好形势下,我校作为制定该条例的承担单位,要在为老年教育健康发展提供法治化保障的原则下,加强省内老年教育的顶层设计,切实明确发展老年教育的方针政策及老年大学(学校)机构建制、人员编制、经费保障、课程师资、场地设备等相关事项的保障制度,使条例成为促进省内老年教育健康持续发展的法律遵循。

第二,持续加大老年远程教育的宣传推介力度,扩大远程教育覆盖面。要继续坚持好"开放、融合、共享"理念,多渠道、多方式向基层校、教学点及学员宣传开展老年远程教育的作用意义及现有的教育平台、课程资源和开展模式,增强基层校、教学点及学员学网用网的积极性和主动性。通过召开面向基层校、教学点的远程教育工作人员培训会,提升基层校工作人员的业务能力。要持续做好远程教育教学点申报和管理工作,进一步向基层延伸,努力形成以我校为省内老年远程教育资源中心、服务中心和指导中心,省内各级老年大学积极配合、各司其职,乡镇(街道)、社区、农村、企业、养老机构广泛参与的老年远程教育新格局。

第三,继续加大老年远程教育投入,提升平台建设水平。按照"功能整合、资源共享、信息互通"的思路,持续加大对外合作力度,提升我省远程教育体系的保障力、影响力和吸引力。持续做好"山东老年大学广电云课堂"的推广应用工作,引导各会员校积极与当地广电部门对接,利用有线电视、户户通等方式将老年远程教育接入农村和基层社区。深入学习借鉴乳山市开展远程教育的工作经验和当前社会上应用较为广泛的远程教育平台的技术手段、管理模式,积极探索开展直播、点播相结合的教学模式,为全省老年大学"远程教育+"做出示范引导,推进线上线下一体化教学,使远程教育与实体教学逐步衔接,使其成为老年教育的兜底工程。

作者简介:

任德强,山东老年大学副校长、一级巡视员。

杜茂龙,山东老年大学机关党委专职副书记。

王海勇,山东老年大学办公室副主任。

陈俊,山东老年大学合作交流处一级主任科员。

老年远程教育服务乡村振兴战略课题调研报告

——重庆市农村老年远程教育课程需求调研及开发分课题组

重庆市分课题组按照全国"老年远程教育服务乡村振兴战略"课题实施进度计划安排和有关要求,历时7个月(2019年8月至2020年2月)在全市区域内开展了农村老年远程教育课程需求调研,现将调研结题报告如下。

一、调研基本情况

课题组在学习研究相关文献资料的基础上,进行了问卷调查,开展了乡村调研访谈,征求了区县老年大学的意见、建议等。

(一) 问卷调查

本次问卷调查区域为重庆市的 26 个区、县,占全市 38 个区县总数的68.42%。发出调查问卷 2 800 份,收回有效调查问卷 2 553 份,调查对象为农村老年人群体和老年大学(学校)学员。统计分析结果主要体现在以下六个方面。

1. 老年远程教育对象基本情况及现状

参加问卷调查的对象主要是 70 岁以下老年群体,50—69 岁年龄段 2 120 人,占比 83.04%;文化程度是初中、高中或中专学历的人数 1 744 人,占比 68.31%;务农 1 107 人,占比 43.36%。

经常以各种形式参与学习的老年人,身体状况良好,有自理能力;生活条件 及经济状况较好;养老方式多为居家劳动、自食其力。身体状况健康的 924 人, 占 36.19%;良好的 983 人,占 38.51%;经济状况一般的 2 114 人,占 82.81%;养 老方式为居家并劳动的 1 799 人,占 70.47%。

2. 对远程教育学习内容的需求

调查对象对种植和养殖(21.34%)、卫生保健(17.26%)、乡村旅游 (15.68%)、农村电子商务(11.81%)、环境保护(10.24%)、法律法规(9.25%) 等相关知识及课程的需求所占比例相对较大。

3. 远程教育对象学习方式及传播载体选择

调查对象参与学习的方式主要是集体组织收听收看广播电视及多媒体视频。 喜欢通过电视、手机观看远程视频课程的人数比例分别为 41.93% 和 35.96%。

4. 观看远程视频时长愿望

调查数据显示每次观看远程视频的时长倾向于 10 分钟和 30 分钟。选择每 次观看远程视频时间为 30 分钟左右的 1 148 人,占 44.97%;10 分钟左右的 821 人,占比 32.16%。

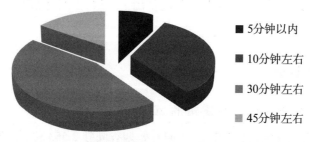

图1　观看远程视频时长愿望

5. 远程教育对象参与学习目的及受教育或学习经历

参与学习的目的为生产需要(38.23%)、增长知识(27.32%)、健康养生(19.25%)的老年人群居多。80%调查对象曾参与文化知识、科普教育的学习培训等。

6. 调查中收集的意见、建议

在调查中收集到意见、建议42条,课题组梳理归纳并划分为远程课件播放的场地和时间、远程课件的具体内容、远程课件播放的硬件设施三个方面,并对其进行了集中研究,认为制作适用的精品课件,为农村老年群体提供优质的学习资源是提升农村老年远程教育吸引力、参与率的主要途径,也是我们的工作重心。

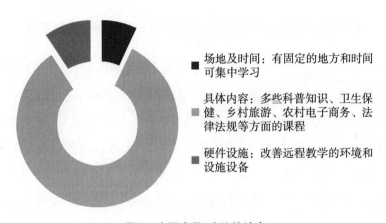

■ 场地及时间:有固定的地方和时间可集中学习

■ 具体内容:多些科普知识、卫生保健、乡村旅游、农村电子商务、法律法规等方面的课程

■ 硬件设施:改善远程教学的环境和设施设备

图2　主要意见、建议统计表

（二）实地乡村调研

课题组深入主城区、边远山区和少数民族聚居地区等7个区县的乡镇村社,对农村老年远程教育的开展情况进行实地调研。重庆市户籍农村人口占比51.3%,据2018年年末统计,外出或进城农民工554万人,留守老人和留守儿童成为农村常住人口。农村老年人既要带孙子(女),又要料理家庭事务,大部分老年人成了家庭的主要"劳动力""顶梁柱",加之农村公共资源受限、基础设施滞后,难抽出空闲时间学习、难组织集中学习,如何解决农村老年人就近就便参

与远程学习,也是我们当前面临的现实问题。受访者普遍认为,远程教育可以不受地域、时空的限制,结合自身特点和实际情况选择学习时间、内容和方式,机动灵活,十分方便,盼望能有更丰富的学习课件视频资源和便捷优质的学习平台。特别是不少村民通过远程教育方式,学习掌握了相关农技知识,在助推乡村经济发展中发挥了积极作用,成效明显。受访者对农技知识、卫生健康、乡村旅游、农村电商、环境保护、法律法规等方面的远程教育内容兴趣浓厚,有较大需求,与问卷调查的结果相一致。

二、需求分析

(一)老年远程教育是实现老年教育发展规划目标任务的重要路径

《老年教育发展规划(2016—2020年)》提出,到2020年,以各种形式经常性参与教育活动的老年人占老年人口总数的比例要达到20%以上;力争全国50%的县(市、区)可通过远程教育开展老年教育工作。2019年9月,重庆市各级各类老年大学(学校)有注册学员289 840人(次),通过远程教育学习人数60余万人(次),两项之和占全市60岁以上老年人口719.55万的12.37%。因此,发展远程教育,可以缓解"一座难求",统筹城乡公平共享教育资源,提高农村老年人参与学习覆盖率,解决老年教育资源不平衡不充分的矛盾,是实现《老年教育发展规划(2016—2020年)》远程教育重点推进计划,完成老年教育发展规划目标任务的重要路径。

(二)老年远程教育是服务乡村振兴战略的助推器

乡村振兴战略是习近平总书记在党的十九大报告中提出的重要发展战略,是关系全面建设社会主义现代化强国的全局性、历史性任务,是新时代"三农"工作的总抓手。近年来,重庆市老年大学积极拓展老年教育服务社会功能,针对大城市大农村大山区大库区的特点,始终坚持利用远程教育向广大农民传授致富经,为农业强、农村美、农民富架桥铺路。截至目前,学校制作的106个远程课件中,种植养殖课件占比37%,在山区农村,远程教育传送致富经家喻户晓,助推乡村振兴任重道远。

(三)老年远程教育是积极应对我国人口老龄化的有效举措

习近平总书记强调,有效应对我国人口老龄化,事关国家发展全局,事关亿万百姓福祉。2019年11月《国家积极应对人口老龄化中长期规划》印发,为党和国家、全社会积极应对人口老龄化明确了指导思想、基本原则和战略目标。"构建老有所学的终身学习体系"是老年教育的责任和义务,远程教育更要紧跟时代发展步伐,在应对人口老龄化上实现健康老龄化和积极老龄化上有作为、作贡献。2018年全国60岁及以上老年人口2.49亿人,占总人口的17.9%,重庆市60周岁及以上老年人口719.55万人,占重庆市总人口的21.13%,重庆市老龄化率在全国排第6位,西部排第1位。面对人口老龄化的严峻形势,有效应对人口老龄化,对于农村人口占比34.5%(常住人口)的直辖市来说,大力发展农村老年远程教育是积极应对人口老龄化的有效举措。

(四)老年远程教育是提升农村老年人幸福生活的现实需要

在问卷调查、座谈交流中,农村老年人都表现出对老年远程教育课程的浓厚兴趣和积极乐观态度。远程教育通过信息化的科学技术来助推乡村振兴、促进经济发展,助力农民致富,建设美好乡村,用更丰富的精神财富满足了农村老年群体日益增长的美好生活需要,使农村老年人在实现老有所学、老有所为中有更多的获得感、幸福感。

三、结　论

研究开发、深入推进农村老年远程教育,具有重要的社会价值和深远的现实意义。要着力研究和解决好教育对象的需求、优质课件资源的共建共享、多渠道多方式为老年人提供学习服务等问题。第一,要把满足老年人多样化的学习需求作为工作的出发点和落脚点。创造性开发远程教育的数字化资源,针对性整合和推介适合他们的观看载体,选择性制作和播放他们乐意接受的视频时长等。第二,要前瞻性地研发适用的精品远程视频课件。课程内容要适应形势发展变化,符合农村老年人兴趣爱好、科学素养培养等特点,在推进学习型社会建设、积极应对人口老龄化上彰显社会功能,在助推经济社会发展、促进和谐稳定上发挥积极作用,侧重于制作实用的农技知识、卫生健康、乡村旅游、环境保护、法律法规等课程。第三,要充分利用社会力量为老年人提供学习服务和保障。依托村、社公共服务中心建设完善基层学习收视点,营造良好的学习氛围,实现把老年人翘首以盼的学习资源配送到广大的农村、边远山区、库区和民族地区。

表1

实用农技	① 柑橘全程质量安全控制 ② 花椒生态种植新技术 ③ 无公害蔬菜栽培常识 ④ 林下养鸡繁殖技术 ⑤ 鱼病防治实用技术
卫生保健	⑥ 中医治疗肩周炎 ⑦ 自我推拿治疗高血压病 ⑧ 实用家庭推拿自我保健与治疗 ⑨ 颈椎病的防治 ⑩ 老年常见心脑血管病的防治
社会科学	⑪ 老年人心理及老年期精神障碍 ⑫ 农村老年人依法维权常识 ⑬ 旅游导言 ⑭ 农村电子商务 ⑮ 文明礼仪

　　按照老年远程教育全国课题组对农村老年远程教育视频课程任务分配,我们拟制作15个远程视频课件(表1)。视频课件由重庆市老年大学负责完成,安排学校老师或聘请专家学者授课,按高清视频课件有关技术指标要求制作,每个

视频课程时长 45—60 分钟,可连续收看,亦可分段收看,能满足 15 分钟、30 分钟或 1 小时的不同收视需求。

作者简介：

汪代元,重庆市老年大学副校长。

牟帆,重庆市老年大学财务科科长。

关于农村老年远程教育课程开发助推乡村振兴的思考

——以贵州省都匀市为例

国务院办公厅印发的《老年教育发展规划(2016—2020 年)》明确指出:"目前有 700 多万老年人在老年大学等机构学习,有上千万老年人通过社区教育、远程教育等各种形式参与学习。"由此看到,老年远程教育在老年教育中占有举足轻重的地位,它的开放、灵活、方便等特点,契合了老年教育面向社会,特别是向广大农村、社区发展延伸的需求。近年来,贵州省的老年教育事业发展取得了可喜成绩,全省在老年远程教育方面做了一些探索,老年远程教育先后荣获 5 个"示范区"、15 个"实验区"。根据中国老年大学协会远程教育工作委员会工作安排,按照全国乡村振兴战略和贵州省乡村振兴战略规划,全省老年远程教育实验区着力开发课程,积极为社会发展、农村振兴释放更多正能量。本课题以贵州省都匀市为例,对都匀市老年远程教育及课程开发的现状进行调研,对新时代老年远程教育课程开发助推乡村振兴进行了粗浅思考。

一、都匀市老年远程教育现状

近年来,都匀市在市委市政府的重视下,全市老年远程教育覆盖面不断提升,方便老年人就近学习,目前受益老年人已突破 2 万余人次,为进一步丰富老年人精神文化生活,提升广大老年人综合素质提供了基础保障。2019 年,都匀市获批为全国老年远程教育实验区。都匀市老年大学明确为指导单位。

目前,都匀市实有远程教育站点 187 个。其中,市委党校站点 1 个,市老年大学站点 1 个,办事处站点 1 个,社会组织站点 1 个,村站点 56 个,社区站点 26 个,中小学校站点 101 个。已形成县(市、区)—乡镇(街道)—村(社区)三级老年远程教育工作网络。开展老年远程教育的乡镇(街道)、村(社区)占全市乡镇(街道)、村(社区)总数的 90% 以上。

(一)老年远程教育工作开展现状

一是摸清底数强谋划。都匀市按照贵州省老年远程教育工作推进会议精神和要求,摸清底数,认真谋划,大力开展老年远程教育工作。主动与市委组织部远程办、市教育局、市文广局等单位沟通对接,深入相关单位和各乡镇、办事处进行调研,详细了解和掌握全市农村党员干部现代远程教育站点建设情况和设备运行情况,做到底数清、情况明。同时,制定了《都匀市农村党员干部现代远程教育及老年教育工作方案》(以下简称《工作方案》),并于 2013 年 7 月以中共都匀市委组织部名义下文,要求市直各相关部门和各乡(镇、办事处)抓好贯彻落实。《工作方案》明确了都匀市开展老年远程教育工作的基本原则、目标任务、职责分工和时间要求等。

二是注重整合强运用。都匀市积极整合相关资源,推进老年远程教育工作开展。第一,整合硬件资源。充分整合村(社区)远程教育站点、多功能信息服务站、党员活动室、综合文化站、农家书屋等资源开展老年教育教学工作。第二,整合人力资源。从村(社区)两委班子、一村一大、志愿者中推选文化水平高、熟悉计算机操作的人员充实到老年学校工作中,负责相关教学课件的下载、刻录、播放等工作。第三,整合教学资源。将远程教育平台、互联网等作为开展教学的主渠道,开设内容涉及法律法规、文学欣赏、卫生保健、书法国画、科普知识、种植养殖技术等各种领域的课程。

三是抓好示范强引领。市老年大学充分发挥网络平台作用,定期组织老年学员开展学习。结合实际积极开发课程。同时,与市党建远程办、市文广局深入了解工作开展情况,加强业务指导。采取"示范—推广—普及"的步骤开展老年远程教育工作。先在基础条件较好的广惠社区、东山社区、墨阳社区和平浪村等老年学校开展老年远程教育工作。通过示范创建,加强业务指导,进一步夯实老年远程教育基础,提高基层老年远程教育工作水平,有效促进全市老年远程教育实现健康科学持续发展。

(二)老年远程教育课程开发现状

《老年教育发展规划(2016—2020年)》提出:"探索建立老年教育通用课程教学大纲,促进资源建设规范化、多样化。遴选、开发一批通用型老年学习资源,整合一批优秀传统文化、非物质文化遗产、地方特色老年教育资源,形成系列优质课程推荐目录。"按照此要求,都匀市发动老年大学学员和乡村学校中的老年学员,以座谈、问卷调查等方式对开设的京剧、老年养生和保健、书法、绘画、围棋、隔代教育、时政热点、旅游文化等课程进行评估和满意度调查,并对开设的课程提出建设性的意见。

都匀市广惠、沙包堡、小围寨、文峰等乡镇办事处对所在辖区的老年人口比例、老年人的平时时间安排以及他们比较热衷的学习课程、各乡镇老年教育师资结构等内容进行调研。初步了解到太极拳、舞蹈、养生保健、地方历史、旅游文化、乡土人文、声乐、二胡、智能手机应用、时政热点等,都是老人喜欢的学习课程。

为了开展系统实用的老年远程教育教学,市老教办结合实际选用了一些教学课件;落实一个明确的目标(即课件要从"学有所用、学有所乐、学有所为"的角度去构建);同时坚持颐养康乐与进取有为相结合的办学宗旨,采用因需施教、寓教于乐的教学原则;运用灵活多样的教育方法;加强交流合作,做到资源共享、取长补短,更好地提高课程教育效果。

目前都匀市远程学习的课程来源包括:中国老年大学协会远程教育网、贵州省老年大学网站课程、党员干部网、农业网、贵州希望网、优酷网、都匀市的网站和推荐使用的课件。本地的课件正在探索制作中。最受学员喜欢的远程课程类型集中在时事政治、养生保健、乐器演奏、声乐戏曲、民族舞蹈、书法绘画、农用技术等。

二、都匀市老年远程教育课程开发运用存在的问题

(一)课程模式单一

都匀市老年远程教育课程开发更多地还是遵循运用以教为主的教学模式,这种模式课程直观,影响着课程建设的整个过程。虽然各乡镇办事处老年远程教育都普遍接受"以学习者为中心"的理念,但是就整体而言,现有的网络课程大多仍然将注意力集中在教学内容的展现形式上,主导的设计思想始终是"以教为主",课程建设存在"新瓶装陈酒"的问题。教学设计理念也仍以"教"为中心,重视教学内容的呈现,教学模式还是以教为主。不论是网络课程还是自制课件,与老年学员的互动性不足。

(二)课件资源不丰富,特别是远程教育课件不足

全市老年远程教育课件仅靠市老年大学提供和购买,由于经费有限,市老年大学没有课件开发专项经费和专业技术人员,因此课件无法满足全市老年远程教育课件的需求。目前老年教育的远程教育课件除省老年大学推荐的《插花艺

术》《民族舞》《健康养生》等之外，其他可供选择的课程不多。都匀市也探索开发了《都匀文化》《匀城史话》等作为课程，力争组织力量开发《老年养生保健》《京剧教程》《都匀毛尖茶文化》等课程，以满足教学活动的需要。但由于技术力量薄弱、资金有限等原因，课程开发和质量难以令人满意。

（三）课程结合实际不到位

课程内容与老年学员面向实践解决问题的需要切合度较低，老年远程教育的一部分课程内容有的不适合农村老年学员的实际需要，有的不符合农村老年学员的特点，还有的是照搬或"改良"一些教学的内容，没有跳出传统教育的课程观，忽视老年学员的实际需求，涉及农村远程老年教育学习者所面临的现实问题的课程还比较缺乏。课程内容还没有体现自主学习的优势，实用性不够，不能充分满足老年学员的学习兴趣和激发他们的学习动机。

三、结合实际开发农村老年远程教育课程助推乡村振兴的思考

（一）提高农村老年远程教育课程开发助推乡村振兴认识

中共中央、国务院印发的《乡村振兴战略规划（2018—2022 年）》第七篇"繁荣发展乡村文化"指出："坚持以社会主义核心价值观为引领，以传承发展中华优秀传统文化为核心，以乡村公共文化服务体系建设为载体，培育文明乡风、良好家风、淳朴民风，推动乡村文化振兴，建设邻里守望、诚信重礼、勤俭节约的文明乡村。"为贯彻落实《中共中央 国务院关于实施乡村振兴战略的意见》《乡村振兴战略规划（2018—2022 年）》，中共中央办公厅、国务院办公厅同时印发了《数字乡村发展战略纲要》，其战略目标提到：到 2020 年，数字乡村建设取得初步进展。全国行政村 4G 覆盖率超过 98%，农村互联网普及率明显提升。建成一批特色乡村文化数字资源库，信息化在美丽宜居乡村建设中的作用更加显著。

按照中央的精神，贵州省出台了《中共贵州省委 贵州省人民政府关于乡村

振兴战略的实施意见》(黔党发〔2018〕1号),对推进乡村振兴战略进行了全面部署。该意见重点部署了推进乡村振兴战略的六大任务。一是全面夯实乡村振兴基础。二是大力推进农村经济结构调整,实现乡村产业兴旺。三是大力推进农村人居环境治理,加快建设美丽乡村。四是大力发展农村社会事业,促进城乡基本公共服务均等化。五是大力发展优秀乡村文化,不断提高乡村文明程度。六是大力加强农村基层基础工作,创新乡村治理体系。

结合中央、贵州省委省政府关于实施乡村振兴战略的精神,都匀市在开发农村老年远程教育课程助推振兴行动中,要充分考虑以下几个方面的因素。

一是农村老年教育活动空间广阔,发展农村老年远程教育大有可为。经过对老年教育课程开发的课题研究,发现全市农村老年人参加老年教育活动的意愿十分迫切,他们都想从中学到一点东西。调查显示,80%以上的老年人愿意参加老年远程教育课程学习,农村老年教育发展空间极其广阔。

二是城乡有一定差距,老年远程教育课程开发应有城乡差别。由于自身文化素质和受教育程度的差别,城区里老年学员学习的绘画、围棋、理财、插花艺术等教育活动课程在农村并不太受欢迎,民族舞蹈、器乐、书法、刺绣等课程在农村却大有市场。相比城市,农村老年人更需要相关知识来应对快速变化的生活实际,如常见老年病及预防、银行卡医保卡使用、隔代教育等活动课程特别受到老年人的钟爱。

三是老年教育活动资源丰富,课程开发和挖掘空间巨大。目前都匀市的每个乡镇办事处,甚至每个行政村或社区都有老年协会和老年学校,各地都有深受当地民众喜爱的民间习俗或传统活动,教育资源极其丰富。这些资源理应被作为老年远程教育活动项目开发的课程,挖掘潜力巨大。此外,针对农村老人遗产或财产处理不当、迷信与受骗现象多等特点,类似于婚姻和财产方面的法律知识普及、科学与防骗等远程教育课程亟待开发。

四是老年远程教育课程通用目录具有较大的实践意义和推广价值。目前都匀市初步探索编撰的老年远程教育课程通用目录(初稿),对农村老年远程教育课程的开发和实施,课程内容的确定和课件的编制具有一定的指导作用。在各乡镇、村探索的远程教育课程,如常见老年病及预防、民族旅游文化、乡土人文、时政热点、民族歌曲、舞蹈器乐等,深受广大农村老年朋友的喜爱,在同类农村具有较大的推广价值。

（二）结合实际逐步开发老年远程教育课程

中共中央、国务院印发的《乡村振兴战略规划(2018—2022年)》和贵州省出台的《中共贵州省委　贵州省人民政府关于乡村振兴战略的实施意见》为老年远程教育课程开发助推乡村振兴提供了明晰的方向。按照老教办的工作安排,都匀市结合实际出台了《都匀市老年教育发展三年行动计划(2019—2021年)》。该计划提出：围绕社会主义核心价值观、思想道德、科学文化、养生保健、心理健康、职业技能、法律法规、家庭理财、闲暇生活、代际沟通、生命尊严等方面,遴选一批通用型老年教育学习资源;围绕都匀优秀传统文化、非物质文化遗产、红色文化、民俗文化等,开发一批具有鲜明地方特色的老年教育学习资源;引进一批优质学习资源,形成系列优质课程推荐目录。

根据全国老年大学协会远程教育工作委员会和省州要求,在老年远程教育课程开发中,都匀市将围绕"三个注重",强化政治引领、健康向上,兼顾民族特色,积极整合各种资源,开发一批实用课程,初步形成全市老年远程教育课程通用目录。

一是课程开发坚持注重政治引领。目前部分老年人虽然已退休或者不再参与社会劳动,但是,他们仍关注国家的发展、社会的进步,把自己的晚年生活与祖国的命运紧紧联系在一起。所以,在开发乡村老年远程教育课程时,要充分考虑老年人这方面的需求,尽可能使他们在参加老年教育活动过程中继续跟上时代前进的步伐。首先要坚持开发"时政热点",介绍国内外重大时事,宣传党的十九大,十九届二中、三中、四中全会精神,引导广大老年学员树牢"四个意识",坚定"四个自信",做到"两个维护"。其次要积极创造条件,开发一些国情省情市情教育、政策解读、城市发展、民族文化等方面课程,使学员在学习专业知识的同时了解党委政府决策部署、社会热点以及与自己切身利益相关的知识。

二是课程开发坚持注重稳定性、灵活性。稳定性是指根据教育服务目标和农村老年群体的特点,为提高老年群众的整体素质而确定的基本教育内容。灵活性是指要根据社会经济的发展和老年人自身对新时期新生活的新要求,灵活选定某些教育活动内容。没有稳定的内容就难以对老年教育进行科学的规划和安排,容易出现盲目性和随意性;同时也难以开展较高质量的老年教育活动安排。没有灵活性则会使老年教育服务流于形式,难以适应变化发展的形势。对于学员满意度较高的课程,如《乡土人文》《京剧唱腔》《常见老年病及其预防》和《老年营养和食疗》等教育课程,坚持一直延续下去。对于学员满意度较低,参与率较低的活动课程,如《围棋》和《插花》等,适时对这些活动课程进行调整,以更好地适应农村老年教育的实际。同时,继续开发运用好《法律知识》《预防网络诈骗》等课程内容,引导他们旗帜鲜明地抵制封建迷信甚至邪教活动;探索开发《老年心理咨询》课程,缓解老年人的心理压力。

三是课程开发坚持注重因地确学。老年远程教育课程没有全国或者地区统一的教学大纲,教育活动内容相对来说比较自由。只要学员有学习的要求,学校有技术、经费就可以开发某一课程。但在开发时应该考虑学员的实际情况,让不同情况的学员在老年大学或其他老年教育课程里"各得其所",找到自己的位置。老年人在老年大学或远程教育课程学习中都有自己的目的,有的是为了充实自己的知识,有的是为了更好地教育孙子、孙女,有的老年人就是想学到一些健身的方法,如参加体育活动、舞蹈训练等,使自己延年益寿。有的老年人喜欢旅游,了解各地的人文地理。有的老年人来学校学习就是"休闲",让自己学一点东西,交一些朋友。为此,开发课程时就应该考虑老年朋友的多方面、多层次的要求,做到"学有所用、学有所得"。

（三）注重整合资源确保课程开发实用实效

一是有序开发课程。课程开发是开展老年远程教育的核心内容。在课程开发运用中,要注重结合实际,坚持分类施教、因需施教。根据老年人的年龄、文化程度、职业经历和兴趣爱好等,从多样化、多层次的实际需要出发,科学开发课程,积极开展老年人养生保健、心理健康、职业技能、代际沟通、生命尊严等方面的教育,增强课程的新颖性和吸引力,帮助老年人提高生活品质、升华人生境界。比如:针对都匀市的情况,结合不同年龄层次、不同区域范围的老年学员,可在农村稳步开发时事政治、文学历史、书法绘画、音乐舞蹈、非遗传承、地方文化等多个门类的课程。课程开发要突出以老年人为本,遵循老年大学特点,满足老年人需要。实践证明,只有课程开发好了,老年教育效益最大化才能实现。在认真抓好第一课堂,不断丰富第二课堂,努力拓展第三课堂的基础上,积极打造第四课堂,将课程学习和各类文化活动有机结合起来,积极探索体验式、互动式、案例式等课程辅导互动教学方式,真正让远程教育课程成为提升老年人思想境界的阵地、更新知识的课堂、文化娱乐的场所。

二是提高课件质量。课件是远程教育的载体,课件质量决定老年远程教育的质量,开发适合老年人学习的课程是老年远程教育的重中之重。特别是老年远程教育时空分离的特殊性,决定了老年远程教育必须高度重视教育资源建设和课件的开发;抓实抓活远程教育课件资源建设,探索课件资源整合开发工作机制,建设好"大课件"格局是当前亟需解决的难题。首先,要整合课件开发力量。建立健全课件开发的共建机制,调动课件开发运用的积极性,共同制作教学课件,尤其要主动整合广电部门的节目资源,把优秀的影视节目充实到课件资源中来,使课件内容满足老年学员的需要。其次,要结合各地实际分门别类不断创作出数量充足的优秀课件,满足不同村寨、不同学员的个性需求。

三是推行有效模式。将远程教育课程开发运用转化与基层党建、富民增收和移风易俗有效结合,充分发挥农村远程教育课程智力"加油站"功能,为大力实施乡村振兴战略注入新动能。(1)着力推行"远程教育＋"基层党建模式。在精准摸排掌握全市109个村农村党员群众培训需求的基础上,立足远程教育站点平台,将远程教育课程开发运用融入"两学一做"学习教育常态化制度化,运用远程教育开展基层组织活动,组织党员、群众学习收看理论知识讲解、典型人物和优秀党员模范事迹、各类讲座等,丰富农村党员教育形式内容,增强党员教育实效。(2)着力推行"远程教育＋"富民增收模式。结合各村特色产业、优势资源,准确摸底掌握农民在种植养殖实用技术方面的实际需求,定期组织党员群众收看学习水产养殖、蔬菜种植、无土栽培、经果林管理、肉牛养殖等远程教育课程视频。比如:在马尾村开展水产养殖课程培训,在良亩村开展蔬菜种植课程培训等。适时开展果蔬配送、市场宣传等课程培训,拓宽果蔬销售渠道和销售模式,实现农业增效、农民增收。(3)着力推行"远程教育＋"移风易俗模式。充分开发群众喜闻乐见的课程视频,利用文化广场、活动中心播放专题片等,充分发挥课程资源的多样性、专业性、宣传性,提升农村老年人的文化素质,丰富党员群众的文化生活,逐步改善观念,提高文明素质,让农村村民既有健康的生活方式,又能推动乡风文明,促进乡村振兴。都匀市积极从美丽乡村建设、政策法规、农业技术、公共卫生、科普知识、文化体育等方面为广大老年人提供课程开发运用服务,为其补足致富之"钙",鼓舞其精气神,勉力其积极投身建设美丽家园行动中,为乡村全面振兴做出贡献。

四是打造"一村一品"。牢牢把握乡村振兴战略,分类挖掘和丰富各村老年远程教育课程内涵。结合都匀市的酒文化、茶文化、水书文化及布依族、苗族民族文化等探索建立具有各村特色的新兴课程。结合布依族、苗族民族特色,挖掘、制作一批极具地方民族特色的歌舞节目,助推当地的乡村特色旅游产业发展。拟在小围寨办事处大河村开发"民族长号"课程,适时制作课件或视频,发动大量老年学员学习,传承民族文化;在归兰水族乡奉合片区、阳和片区和基场片区等水书爱好者比较集中的村或社区,积极开发水书课程,将这一民族文化瑰宝发扬光大;沙包堡办事处黄丰村和迎恩村的老年人喜欢舞龙舞狮,拟开发"舞龙舞狮"课程,通过课程带动引领周边群众参加类似的锻炼活动;墨冲镇墨冲村和沙寨村的老年人喜欢花灯舞蹈,可以开发"花灯舞蹈"课程,让花灯舞蹈在当地农村遍地开花;平浪镇平浪村和凯口村喜欢腰鼓的老年人特别多,积极创造条件,开发"民族腰鼓"课程,组建腰鼓队进行培训,利用凯口村每年的油菜花文化艺术节推荐民族腰鼓文化,使民族腰鼓文化留存当地民间;毛尖镇的毛尖茶炒茶技艺被评为国家非物质文化遗产,可利用当地的文化优势开发"毛尖茶炒茶技艺"课程,利用视频或课件传承都匀毛尖茶炒茶技艺;都匀"水族民族剪纸"已被评为贵州省非物质文化遗产,可以在水族地区开发"水族民族剪纸"课程,丰富民族旅游文化。

在这场乡村振兴行动中,作为占总人口近20%的老年群体将显示出不可低估的力量。老年教育决不能做事不关己的旁观者,也不能是被动参与的应付者;都匀市作为全国老年远程教育实验区,将主动作为,积极探索新的老年远程教育课程开发,实现新时代老年教育新的发展,在推进乡村振兴伟大道路上努力做到有作为、有声音。

参考文献:

[1] 陆剑杰主编,《老年教育学》,河海大学出版社,2022年。

[2] 国务院办公厅印发《老年教育发展规划(2016—2020年)》,2016年。

[3] 中共中央 国务院印发《乡村振兴战略规划(2018—2022年)》,2018年。《中共中央 国务院关于实施乡村振兴战略的意见》,2018年。

[4] 中共中央办公厅、国务院办公厅印发《数字乡村发展战略纲要》,2019年。

[5] 《中共贵州省委 贵州省人民政府关于乡村振兴战略的实施意见》(黔党发〔2018〕1号),2018年。

[6] 《农村老年教育活动项目开发的实践和研究》。

作者简介:

索恩乾,都匀市老年大学校长。

下　篇

第五批全国老年远程教育课题一等奖论文

以农村老年远程教育发展为重点推进基层老年远程教育

摘　要:伴随着我国人口老龄化程度不断加深,推进基层老年远程教育发展对推进老年教育均衡发展,维护老年教育公平意义重大。目前老年教育资源缺口仍然较大,尤其是农村地区;推动基层老年远程教育重点、难点也在农村地区。本文将以农村老年远程教育作为主要对象进行研究和探讨。

关键词:老年远程教育;农村地区;老龄化

一、农村老年远程教育现状

2016 年《老年教育发展规划(2016—2020 年)》文件中明确指出:"保障老年人受教育权利,努力让不同年龄层次、文化程度、收入水平、健康状况的老年人均有接受教育的机会。"农村老年远程教育是应对人口老龄化的重要举措,是实现教育公平,振兴乡村,加强农村建设与发展的重要推动力。国务院办公厅印发《关于切实解决老年人运用智能技术困难实施方案的通知》提出,要在政策引导和全社会的共同努力下,有效解决老年人在运用智能技术方面遇到的困难,让广大老年人更好地适应并融入智慧社会的工作目标,将加强老年人运用智能技术能力列为老年教育的重点内容,采取线上线下相结合的方式,帮助老年人提高运用智能技术的能力和水平。但在实践中,农村老年教育的开展面临着许多困境。老年远程教育作为老年教育的重要普及手段,其运行现状与老龄化的现状相比仍存在较大差距。

1. 农村远程教育资源相对匮乏

不同地区政治、经济发展不平衡,使得教育资源的分布也存在不平衡。城市地区的省级老年大学、学院办学条件相对较好,他们依托大中城市的资源,办学硬件、师资力量配备相对较好,大部分县、镇,尤其是广大的农村地区获得老年教育资源比较困难。由于农村地区人员分散,即便是老年远程教育,也存在发展不平衡和供需不匹配问题。如截至 2021 年,安徽省老年大学协会和安徽开放大学共建设安徽老年远程教育共建教学点 32 个,其中仅有 1 个村级共建教学点,由此可见农村地区老年远程教育资源的匮乏。

2. 农村老年人参与学习的意愿不高

农村老人的生活环境和条件影响其学习的积极性,其参学率不高,学习动力不足。主要表现在:第一,现在农村存在大量的留守老人和留守儿童,一些老年人充当着重要的家庭劳动力,忙于劳作和照顾孙辈,无暇参学。第二,农村老年人文化水平低,学习能力有限,老年学校开设课程不对口味、缺乏针对性,导致农村老人参与学习的兴趣不高。第三,远程教育是需要现代科技手段辅助的,一些农村老人不会使用手机等电子设备,加之交通、经济条件的限制,他们难以适应时代进步和社会发展,参与远程教育存在客观困难。远程教育这种"自我导向学习"的模式很难将学习意愿和学习能力欠佳的农村老人吸引进来。

3. 缺乏有效的教育管理机制

当前,大部分的城市都有老年教育的相关机构,有相应的实体老年大学,且城市老年人接受现代信息的渠道较多,接受老年远程教育的能力较强。对于广大农村地区来说,大多未成立专门的老年教育机构,即使条件好的乡镇成立了老年学校,也不具备协调、组织开展老年教育工作的职能和能力,使得农村老年教育的统筹管理、工作指导存在空白点,推动老年远程教育发展力量不足。

二、当前农村老年远程教育存在问题的原因

经过老年教育相关从业者的不断努力,农村老年教育发展取得了一定成绩,但是与我国老年教育发展的目标、承载的社会意义相比,仍有较大差距,究其原因主要有以下三个方面:

1. 基层政府重视程度不够

老年教育具有重大的社会意义、政治意义,从中央到省级都对老年教育有一定的规划。但是,由于老年教育不同于基础教育,其具有投入大,耗时耗力,又不会产生即时的经济效益,使得基层很多地区对发展村居老年教育的重要性和紧迫性认识不足,出现上热下冷的情况。有的地方口头上重视,行动上忽视,措施上轻视,因此在财政投入方面也就大打折扣。农村老年教育经济投入不足,总体基础薄弱,资源匮乏,配套设施不完善,开展难度系数高,推进步伐缓慢。

2. 农村老年人认识不到位

十年树木,百年树人,学习作为一种持续性的活动,需要付出较大的心力和时间,对个人影响的反应周期较长。农村老年人对参与老年教育的认可度低,更愿意把时间花费在打工、劳作、照看孙辈等地方。另外,由于农村老年人的文化层次普遍偏低,学习时理解能力和消化能力不足,导致其缺乏学习的信心。作为老年教育的学习主体老年人学习动力不足,加之远程教育自有的"数字鸿沟"壁垒,严重影响老年人学习的积极性和主动性,出现农村老年教育内冷外热的情况。

3. 社会宣传力度不够

农村老年远程教育宣传力度不够,没有形成强大的吸引力和良好的社会氛围。现代宣传主要通过网络等现代媒体,内容也较为宏观,对于农村地区老年人

来说如何参与,参与的益处等宣传较少,达不到让农村老年人充分认可老年教育重要性的结果。宣传方式不够接地气,宣传内容不够细节化,宣传对象针对性不强,宣传的频率不够高,因而未能实现教育、影响和带动广大干部群众重视老年教育的效果。

三、推进农村老年教育的发展路径

农村老年教育要发展,需要政府政策支持,需要加大宣传,需要系列措施,需要激发农村老年人学习的主动性和积极性,内外因结合,共同发力。

1. 各级政府重视,做好支持服务

农村老年教育是乡村振兴,丰富老年人业余生活、强化文化素养、提升综合国力的一项利国利民的重大工程,农村文化繁荣是乡村振兴不可或缺的重要方面。一方面,各级政府要将发展和完善农村老年教育纳入工作规划,厘清和明确主要归口部门和其他部门各自的权责所在,将任务合理分解到各部门,制定各项工作任务落实的时间表,加大财政投入,实行政府统筹,分级管理,明确工作职责。乡镇、村级政府要积极创造条件,如通过免费或低成本提供闲置办公场地供线上线下教学,配备教学设备等方式提供硬件支持,同时协调各方共同推动农村老年教育发展。

另一方面,基层政府要加强正面宣传和引导,营造全民学习的良好氛围。通过把老年学校办到家门口,挖掘学习榜样,拍摄宣传片,利用小区电子屏、宣传栏、宣传展板等,大力宣传老年人参加学习的收获、意义,营造争先学习的良好氛围,培育人人以学习为荣的乡风。

2. 依托开放大学系统,加强老年教育体系建设

2021年11月24日,《中共中央 国务院关于加强新时代老龄工作的意见》首次提出将老年教育纳入终身教育体系,并明确依托国家开放大学筹建国家老年大学,搭建全国老年教育资源共享和公共服务平台。开放大学系统成为开展

老年远程教育的重要力量。如安徽省老年大学协会和安徽开放大学构建了"双轮驱动"的老年远程教育"安徽模式"。该模式通过安徽省老年大学协会和安徽开放大学两个系统合作,各负其责,协同推进,发挥两大系统优势,聚合两类资源,形成"齐头并进,分级管理"的管理模式。通过上述模式使基层老年教育的发展有了抓手。

通过开放大学的体系优势,利用其办学成本低、效益高、覆盖面广的特点,深度推进农村老年远程教育体系建设。在远程教育网络覆盖的基础上,进一步强化队伍建设,将"共建点"建设推向农村地区,增加农村老年教育资源的注入,进行教学指导、人才培训、定期送教下乡等活动,通过实地辅导、现场讲解和演示等形式,为农村老年人提供教育服务,逐步培养老年人的网络应用能力,使他们能够形成利用网络自主开展学习的习惯和能力,发挥老年教育体系的效用。

3. 激发农村老年人学习的内在动力,发挥其主体作用

农村老年人是老年远程教育的学习主体,要推进农村远程教育的发展,需要激发他们的内在动力,让农村老年人转变学习理念,主动学习,持续学习,从而实现农村老年群体的再社会化,自我价值感的增加以及自我内涵的丰富。

一方面,针对农村老年教育进行资源建设,激发学习兴趣。农村老年人存在学习能力与学习动力双低的情况。针对这种状况,开发适合农村老年教育的课程资源,满足农村老年人多样化、实用化学习需求,并根据其接受程度分级讲授,达到学习者愿意听、听得懂的效果,提升农村老年人的学习意愿和各项技能。在丰富农村老年生活的同时,为他们创收提供可能,从而激发老年人学习的内驱力。

另一方面,通过培育学习小组,维持学习动力。老年远程教育施行线上教学,具有突破时空限制的优点,同时存在缺乏指导和监督的弊端,更依赖学员自身的管理与约束。通过建设线下学习小组,培养学习小组负责人的学习模式,不仅便于统一提供远程学习设备、条件和指导,弥合智能技术带来的"数字鸿沟",更能通过共同学习制定学习目标,规范学习进度,使学员之间相互带动、相互激

励,培养良好的学习习惯和态度,从而有效维护老年人的学习动能,实现学习效果。

作者简介:

武珍,安徽开放大学安徽老年教育研究院助教。

老年远程教育发展研究报告

摘　要：近年来，山东省各级老年大学越来越重视远程教育工作，在远程教育软硬件建设上做了大量工作。山东老年大学作为全国第一所老年大学，充分发挥省校资源优势，持续加强老年远程教育体系建设，在服务山东省老年远程教育方面发挥了积极作用。本文通过调查研究，总结回顾了山东省老年远程教育的基本情况和山东省老年远程教育体系建设情况，在主要问题分析的基础上，研究提出了远程教育发展的思路建议。

关键词：老年远程教育；体系建设；发展研究；思路建议

随着人口老龄化程度的持续加剧和老年人对文化养老理念的逐步认同，老年大学越来越成为老年人的精神家园。与此同时，老年人学习需求高与老年教育供给不足的矛盾也日益突出，各地普遍存在的老年人上学难的问题已引起社会广泛关注。老年远程教育以现代网络传媒为载体，以先进的信息技术和现代化的传播方式，突破传统老年教育的时空界限，能满足老年人多层次、多样化学习需求的新型老年教育模式。对于扩大老年教育规模，提高老年教育覆盖面，解决老年人旺盛的学习需求与老年教育有效供应不足的矛盾,发挥着不可替代的作用。

一、山东省老年远程教育面临的基本形势

近年来,我们采取数据收集、访谈、实地考察等方式对山东省老年远程教育面临的基本形势进行了调查研究,持续加大基层老年人对老年远程教育的需求收集力度,大致摸清了全省老年远程教育的需求情况,为老年远程教育体系建设提供了基本依据。

(一)人口老龄化情况

山东是经济大省,国内生产总值稳居全国第三;山东是文化大省,是孔孟之乡、礼仪之邦;山东也是人口大省,2017 年年底常住人口就突破 1 亿;山东也是老龄化程度较高、老龄化速度较快的省份之一。第七次全国人口普查结果显示,山东省全省 60 岁及以上老年人口达到 2 122.1 万人,占总人口的 20.9%,高出全国平均水平 2.2 个百分点。"十四五"期间,第二次生育高峰期出生人口将进入老年阶段,到 2025 年年底,预计 60 岁及以上人口将超过 2 400 万,在山东省总人口中占比将超过 24%,老年人口规模进一步加大,老龄化程度进一步加剧。

(二)老年教育开展情况

目前,山东省共有老年大学(学校)约 4 881 所,分别是省、市、县三级老年大学 155 所,企业老年大学 12 所,乡镇街道老年大学(学校)888 所,村社区老年学校 3 745 所,养教结合老年大学 81 所。全省老年大学(学校)在校学员 59.83 万人,全省通过老年大学远程教育平台、家庭电视老年大学等方式开展在线学习的老年人近 200 万,以各种方式接受教育的老年人占全省老年人的 12%。

（三）老年远程教育需求情况

受经济投入、师资力量和编制体制等诸多因素的限制,发展老年教育的最大增长点在远程教育。通过对《华东地区农村老年远程教育课程需要调研及开发》山东分课题组近3万份调查问卷以及《山东老年大学远程教育大家谈》600余份调查问卷的汇总分析,我们大致得出以下数据:

一是开展老年远程教育的基本条件。老年人家中开通了有线电视的占90%,家中有电脑,并已连接互联网的占25%,有意愿和时间参加老年远程教育活动的占85%。

二是接受老年远程教育的终端和方式选择。愿意通过有线电视接受老年远程教育的占74%,愿意通过电脑上网接受老年远程教育的占16%,愿意通过手机上网接受老年远程教育的占10%;更愿意在正规教学点接受老年远程教育的占60%,本人(亲朋)家中占35%。

三是学习内容需求。愿意学习手工艺、家政服务、农产品网络营销达96%;愿意学习文化养老地方戏曲的占52%,声乐类(如流行歌曲)的占22%,器乐类的占11%,书法占36%,绘画占4%,传统文化占21%;愿意学习健康养生中饮食营养、保健养护、疾病预防、舞蹈体育、心理健康的达到95%;其他类别中学习法律常识、家电使用、政策解读的占82%;计算机、手机使用的占46%。

二、山东省老年远程教育的发展

近年来,我省各级老年大学越来越重视远程教育工作,在远程教育软硬件建设上做了大量工作,老年远程教育发展的形势总体上是好的,在中国老年大学协会远程教育工作委员会"三个一"行动计划中取得了较好的成绩,先后有43个市、县被评为全国老年远程教育实验区,实验区数量位居全国前列,其中潍坊市、青岛市西海岸新区、滕州市、临朐县、临沭县等15地市、区、县被评为全国老年远程教育示范区。在每届优秀影像视频教材评选和研究课题论文评选活动中，我省老年大学都榜上有名。可以说，发展老年远程教育已在全省各级老年大学形成共识，老年大学已逐步成为我省开展老年远程教育的主要力量。

（一）山东老年大学发展经验

作为全国第一所老年大学，山东老年大学为不断满足老年人的精神文化需求，以建设"没有围墙的老年大学"为目标，以同行业一流为标准，积极以信息和网络技术为依托，立足实际，搭建各类老年远程教育平台、充实课程资源，并积极向基层延伸，在服务山东省老年远程教育方面做出有益探索。

一是与时俱进，搭建远程教育平台。教育平台是开展老年远程教育的基础。自开展远程教育以来，山东老年大学就与时俱进，注重结合技术基础和我省实际情况，搭建满足老年人学习需求的远程教育平台。山东老年大学老年远程教育的发展起步比较早，在1986年就通过寄送教材、录像带等方式开设了函授班。20世纪90年代，又积极尝试筹办老年电视大学。2004年利用组织部干部远程教育中心开展网络老年教育。2007年，依托北京东方银龄远程教育网这一专业平台，建立收视点。这一时期虽然受技术、经济等条件限制没有形成较大规模，但多种尝试为我们继续发展远程教育提供了丰富的经验。

为适应互联网时代发展，解决老年人上学难的问题，山东老年大学加大资金投入，加强战略合作，先后建成山东老年大学远程教育网、手机云课堂、广电云课堂、海看云课堂等远程教育平台，实现了电脑、手机、电视终端全覆盖，平台上所有教学内容对教学点免费开放。山东老年大学远程教育网是山东老年大学远程教育自主网络平台，于2011年建立，同步上线电脑版和手机版；2017年与北京东方妇女老年大学合作开发的手机版云课堂也上线运行，远程教育平台建设初步完成；2018年年底与山东广电网络有限公司及海看IPTV开展战略合作，开发了"山东老年大学广电云课堂"，2019年完成了平台开发及调试完善和在济南市的试点应用工作，具备了向全省1 000余万广电用户提供入户老年远程教育的服务保障能力,受到各会员校和各地老年人高度评价;2020 年年底,率先与网络电视运营商展开合作,与海看网络科技(山东)股份有限公司合作开发了"山东老年大学海看云课堂",以独立版块的形式嵌入了山东 IPTV,于 2021 年春节期间,正式向全省老年学员推广海看云课堂,使山东老年大学远程教育课程覆盖了全省 1 800 万网络电视用户。

为满足学员迫切的学习需求,山东老年大学于 2020 年开发了拥有自主知识产权的线上教学直播平台,教师通过直播平台即可为本班学员开展直播教学。2021 年春季依托上一年自行建设的直播课堂系统,面向全省范围老年人开设直播大课堂,采取大课大班方式,进行线上直播授课,推进省级教学资源向全省辐射延伸。直播大课堂上线以来,运行平稳、质量可靠,已为全省广大老年学员提供直播教学服务活动 176 场次,服务全国老年学员 40 000 余人次,取得了预期效果。中国成人教育协会受教育部职业教育与成人教育司委托,开展了 2021 年全国"百姓学习之星"和"终身学习品牌项目"审核、复核及公示工作,于 10 月 28 日下发《关于推介 2021 年"百姓学习之星"和"终身学习品牌项目"的通知》,我校"老年大学直播大课堂"榜上有名,喜获 2021 年全国终身学习品牌项目。

目前,山东老年大学已基本建成了集远程教育网、手机云课堂、电视云课堂、直播课堂系统于一体,小屏幕(电脑、手机等)与大屏幕(电视、投影等)相结合,互联网、有线电视、网络电视等主流信息传播渠道全开通的面向全省老年远程教育平台,形成了集中学习与个人自学、系统化学习与碎片化学习互为补充的远程教育开展模式,较好满足了我省老年人多样化学习需求。

二是双向发力,充实远程课程资源。课程资源是开展老年远程教育的灵魂。山东老年大学始终坚持"内容为主"的老年远程教育发展理念,通过自主开发和多渠道共享双向发力,不断充实完善远程教育课程资源库。

山东老年大学远程教育网建立之初,课程资源多为购买或共享课程,在传播、使用上受到诸多限制,对老年人的针对性也不够,课程资源成为制约老年远程教育发展的关键性因素。为此,山东老年大学持续加大自主开发课程资源力度。自 2015 年起,专项投资 200 余万元,建成了山东老年大学远程教育录播室,配有高清摄像机、摄像头、导播非编设备等,随后组建了人员相对稳定、具备较高专业技术水平的开发团队,打牢了远程教育自主课程制作的基础,基本满足老年大学目前所开设的大部分专业录制需求。结合教学点及学员学习需求,制订了校本课程开发计划,在工作中注重创新、优化流程,先后录制开发了书画、面塑、剪纸、朗诵、手机应用、法律、瑜伽、八段锦、声乐、吕剧、钢琴、电子琴、古筝等一批彰显齐鲁文化优势和深受老年学员欢迎的校本系列课程。所录制开发的课程多次获全国老年远程教育优秀课程(微课),实现了课程资源库内涵化发展。

同时,多方拓展课程资源共享渠道。山东老年大学采取向省老年大学协会会员校征集和向北京东方妇女老年大学、天津市老年人大学、超星信息技术公司等老年远程教育资源较为丰富的单位协商购买等方式,共享了大批深受老年人喜爱的课程资源;积极与山东广电开展课件交流共享,利用其"高清美术馆"项目的资源优势,充实提升我校书画艺术类远程教育资源的数量和专业化水平;加强与主流学习平台和媒体的合作,通过链接共享的方式,有效解决了政治理论类远程教育资源匮乏的问题。

目前,远程教育课程资源库已初具规模,线上课程达 1 300 余节,有效实现了课程资源的内涵提升和外延扩展。

三是积极推广,加强教学点建设。教学点是开展老年远程教育的重要渠道。通过调研我们发现,相比于个人自学,老年人更倾向于与同龄人在教学点集中学习,以满足讨论交流和社会交往等需求。同时,出于经济方面的考虑,教学点建设也更能降低老年人的远程学习成本。

为将省校的优质教育资源向基层辐射,推动全省老年远程教育发展,山东老年大学自 2017 年起,坚持开放、融合、共享理念,分两批在全省范围内启动了远程教育教学点建设计划。在前两批教学点建设推广的基础上,于 2019 年重新修订了远程教育教学点开通办法,并通过省老年大学协会向各会员校下发了通知,将教学点建设工作常态化、长期化,进一步方便各级各类老年教育、养老服务等有需求的单位开通山东老年大学远程教育教学点。同时,为加强对教学点的指导、支持力度,2019 年 10 月,在乳山市组织召开了全省老年大学远程教育工作推进会。通过工作介绍、经验交流等方式,统一了全省各老年大学对发展老年远程教育的思想认识,规范推进了远程教育教学点的维护管理工作。为畅通与各教学点之间的信息传递渠道,建立完善了山东老年大学远程教育教学点联系群,在指导远程教育教学点开展工作的同时,认真听取了教学点工作人员的意见反馈,尽可能地帮助解决运维过程中出现的困难和问题,切实增强教学点的吸引力、服务力和影响力。

截至目前,共在全省地级市、县(市、区)级老年大学和乡镇(社区)、村委会、企业和养老机构等单位建成教学点共 371 个,覆盖全省 16 市、110 余个县(市、区),为丰富基层老年教育活动发挥了较好作用。

(二)全省整体发展经验

全省各地级市、县(市、区)及镇村街道老年大学,基于老年大学领导班子的坚强领导、全体同仁的共同努力、广大老年学员的热情参与,同样取得了长足发展,各自积累了丰富的办学经验,彰显出不同的优势和特色,也反映出老年大学办学规律的共同经验。

一是党委政府高度重视。通过建立老年远程教育领导小组,形成了齐抓共管老年远程教育的工作合力。比如临朐县老年大学是全国老年远程教育示范区,历来高度重视老年教育工作,县党委将其列入全县经济社会发展总体规划,成立了全县老年远程教育工作领导小组,全面负责、统筹和协调全县老年远程教育工作。再如,烟台市委市政府高度重视老年教育工作,市委办、政府办下发了《加快发展全市老年教育工作的意见》,对老年教育快速、健康发展起到了有力的推动作用。

二是支持政策管用到位。各地出台支持政策,将办学经费纳入财政预算,将远程教育实施效果纳入政绩考核,将重大事项纳入党政议事日程,有力支持和推动了远程教育发展。比如乳山市委、市政府将检查考核作为推动老年远程教育规范化运行的重要手段,研究制定了《乳山市老年远程教育考核办法》,重点围绕管理机构、制度建设、组织教学、活动开展、基础工作五大方面进行考核。镇级教学点老年远程教育工作纳入全市组织工作考核,村级教学点纳入村党组织"双十星"考核,层层压实责任,确保老年远程教育工作干出实效。

三是配套制度健全完善。健全完善远程教育各项制度,推动工作规范运行、常态长效。比如东营市制定管理员岗位职责、远程教学管理制度、设备操作规范、学员考勤等制度。健全了"两簿一册"(收看记录簿、设备器材登记簿和学员花名册),将每次收看的时间、内容、参加人员、学习效果等信息详细进行登记,全面掌握远程教学点利用情况。制作并设置了规范、美观的展示牌,展示远程教育的各种宣传图片和成果,引导和指导学员更好地开展学习。再如乳山市根据不同阶段的工作实际,出台了《乳山市老年远程教育管理制度》等五项制度,从"建、用、管"三方面,按照"布好点、定好人、选好课、教好学"的要求,对建设期间的工作进度要求、设备管理要求、教学秩序等20余条工作细则进行理顺,确保各级教学点干有章法、做有可依。

四是管理队伍日趋壮大。建立起坚强有力的管理队伍,让好的课程资源惠及更多老年人,提升老年远程教育教学点的开课率和实用性。比如临沭县全县有专兼职管理人员240多人,各项档案资料记录整齐;现有任课教师300多人,其中具有中高级职称230多人,聘任了班主任、辅导员200多名,有300多名志愿者服务队;配齐了15名网站设备管理、技术维修人员。整合大学生村官、选派第一书记、青年志愿者等人员纳入站点管理队伍、老年远程教学辅导员、任课教师、志愿者。不定期举办培训班,使参训人员达到"四会"(会操作、会利用平台浏览点播、会维修、会组织教学),培训管理员80期600余人。

五是精品课程突出特色。各地通过购买、共享优质课件,依托省校资源建立起远程教育学习资源库。同时,精心制作本土课件,发挥各自优势,弘扬齐鲁文化。比如:临朐县发挥作为中国书法之乡、中华诗词之乡、中国奇石之乡、文艺人才众多的优势,邀请专业人才,先后制作了《奇石鉴赏》《红丝砚赏析》《周姑戏》等10余件具有浓厚乡土气息的精品课件。再如,荣成市寻山街道组建由书法、太极等专业教师以及退休医生、退休教师等各行各业专家等组成人才库,充分发挥他们的特长。邀请他们到集中收视点,围绕电子琴、绘画、健康保健等主题授课,通过平台直播的形式,让行动不便的老年人可以在家中收看授课。

除此之外,各地区还结合本地实际,创新工作做法。比如临沭县开展"老年大学＋远程教育＋电子书屋"的远程教育网络活动,县老年大学投资5万余元建起了拥有政策法规、卫生保健、文化娱乐、科普、种植、养殖等内容的"远程教育电子书屋",购买和刻录了1 000多张光碟,分期分批地投入各镇街老年学校中进行"流动教学",较好地解决了集中学习组织难题。再如,济南老年人大学联合济南广播电视台设立了济南老年人大学"泉映晚霞大课堂",使越来越多的老年人足不出户就可以上老年大学,享受与济南老年人大学老年学员同样的优质课程资源。

三、当前远程教育存在的主要问题

经过近几年的发展和积累,山东老年大学在老年远程教育体系建设方面充分发挥省校资源优势,成为山东省内老年远程教育的资源中心、服务中心和指导中心,全省各地在省校辐射带动下老年远程教育工作取得了积极进展。但结合调研考察结果,从着眼长期发展和更好满足基层老年人学习需求来看,老年远程教育仍存在以下主要问题。

(一)现有老年远程教育体系的吸引力不够

发展远程教育需要大量的投入和长期的积累,不可能一蹴而就。虽然,我们在远程教育方面取得了长足的进步,但仍有急需解决的问题,最重要的一点是课程资源库覆盖面不够。当前,远程教育课程资源在内容上主要侧重于更加符合城市老年人需求的课程,缺乏符合农村老年人精神文化和技能学习需求的资源。相较于调研中的学习内容需求这方面还有欠缺。

（二）部分基层校发展老年远程教育的动力不够

部分基层校对于老年远程教育的重要意义认识不足,没有认识到发展老年远程教育是对实体老年教育的有益补充,是推动老年教育向乡镇、社区、农村延伸的有效手段,是解决老年教育发展不平衡、不充分的重要举措,这就导致部分基层校发展老年远程教育的积极性不高、软硬件建设投入不足,也导致对已开设的远程教育教学点管理不规范、不到位,无法发挥教学点应有效能,使其成为可有可无的摆设。

（三）发展老年远程教育的人力物力不够

受编制体制限制,山东老年大学共有4人专职从事老年远程教育工作,而市级老年大学在编的工作人员大多仅在10人以内,县(区、市)级基层校只有2至5人,很难组建专职远程教育工作队伍,普遍缺乏精通现代信息技术的专业管理人员和技术人员。另外,经费不足也是各基层校特别是县(区、市)级老年大学普遍存在的问题,部分县(市、区)甚至尚未将老年教育经费列入政府财政预算。人手少、不专职、不专业和经费缺,成为制约老年远程教育发展的主要因素。

（四）农村发展老年远程教育的活力不够

因大多农村地区受地处偏僻、老年人文化水平低和经济水平欠发达等因素的影响,造成老年教育城乡间发展不平衡、农村地区发展老年远程教育的活力不足,加上投入较少,农村老年人享受老年教育资源的比例较城市明显偏低。农村老年远程教育成为制约老年教育事业发展的短板,同时也一定程度影响全国老年教育发展规划的落地和我省实施意见的落实。

四、远程教育发展的思路与建议

针对上述主要问题,结合山东老年大学及山东省老年教育工作的实际情况,主要应做好以下几方面的工作。

(一)积极呼吁,争取得到各级党委政府更多关心支持

各级老年大学应以贯彻落实《中共中央 国务院关于加强新时代老龄工作的意见》《山东省老年教育条例》《山东省"十四五"老龄事业发展规划》为契机,广泛宣传、多方呼吁,争取党委政府对老年教育给予更大的支持。在当前山东省内各级党委、政府日益重视老年教育、不断加强老年教育的大好形势下,山东老年大学应发挥好对下指导作用,调动基层办学积极性,基层老年大学应结合本地实际,积极主动作为,上下联动争取老年大学(学校)在机构建制、人员编制、经费保障、课程师资、场地设备等相关事项的保障,使之成为促进省内老年教育健康持续发展的法律遵循。

(二)持续加大老年远程教育的宣传推介力度,扩大远程教育覆盖面

要多渠道向基层校、教学点宣传开展老年远程教育的作用和意义,以及现有的教育平台、课程资源和开展模式,增强基层校、教学点学网用网的积极性和主动性。视情召开面向基层校、教学点的远程教育工作人员培训会,提升工作人员的业务能力。要持续做好远程教育教学点申报和管理工作,进一步向基层延伸,努力形成以山东老年大学为省内老年远程教育资源中心、服务中心和指导中心,省内各级老年大学积极配合、各司其职,乡镇(街道)、社区、农村以及企业、养老机构广泛参与的老年远程教育新格局。

(三)继续加大老年远程教育投入,提升平台建设和内容支持水平

按照"功能整合、资源共享、信息互通"的思路,持续用心用力打造符合新时

代要求的老年远程教育体系,积极为全省老年大学"远程教育＋"做出示范引导,推进线上线下一体化教学,推进远程教育融合发展,提升远程教育服务体系的保障力、影响力和吸引力。广泛调研、多方发掘,与卫健委、教育厅、民政厅、开放大学等有关单位加强沟通合作,通过自主开发、联合开发和资源共享等方式,加强远程教育学科建设,加大远程教育平台适老化改造,增加符合农村老年人学习需求以及适应智慧社会发展的课程资源,切实提升平台建设和内容支持水平。

作者简介:

陈俊,山东老年大学合作交流处一级主任科员。

"互联网+"老年远程教育的理论与实践研究

——重庆市老年大学远程教育实践分析

摘　要：老年教育是我国教育事业和老龄事业的重要组成部分,为满足老年人对美好晚年生活的追求和快速增长的学习需求,发展老年教育是当前的重要工作。"互联网+"老年远程教育对于进一步推动缓解老年教育"一座难求"、解决老年人在运用智能技术方面遇到的困难,丰富老年人精神文化生活,让老年人能更好共享信息化发展成果有十分积极的作用。本文以重庆市老年大学为例,分析研究"互联网+"老年远程教育的理论与实践,主张大力多渠道多形式发展远程教育,让老年人在信息化发展中有更多获得感、幸福感、安全感。

关键词：老龄化;老年教育;老年远程教育;"互联网+"

根据重庆市统计局 2021 年 5 月公布的《重庆市第七次全国人口普查主要数据》,我市常住人口共 3 205.42 万人,60 岁及以上人口为 701.04 万人,占我市总人口的 21.87%;其中,65 岁及以上人口为 547.36 万人,占我市总人口的 17.08%。按照国际通行划分标准,重庆已经进入深度老龄化社会。

为积极应对人口老龄化,实现老有所教、老有所学、老有所为、老有所乐的健康乐观向上的老龄生活,发展老年教育迫在眉睫。但囿于场地资源、师资力量、工作人员等多方面因素,线下教育的资源仍具有相当的局限性,许多老年大学"一座难求"现象还相当普遍。因此,"互联网+"老年远程教育对实现老年教育的普及和全覆盖不可或缺。

一、"互联网+"老年远程教育的理论

(一)指导思想

以习近平新时代中国特色社会主义思想为指导,深入学习宣传贯彻党的二十大精神,加强党对老龄工作的全面领导,坚持以人民为中心,将老龄事业发展纳入统筹推进"五位一体"总体布局和协调推进"四个全面"战略布局,实施积极应对人口老龄化国家战略,把积极老龄观、健康老龄化理念融入经济社会发展全过程,加快建立健全相关政策体系和制度框架,大力弘扬中华民族孝亲敬老传统美德,促进老年人养老服务、健康服务、社会保障、社会参与、权益保障等统筹发展,推动老龄事业高质量发展,走出一条中国特色积极应对人口老龄化道路。

(二)"互联网+"老年远程教育的概念

2015年国务院颁布《关于积极推进"互联网+"行动的指导意见》,将"互联网+"定义为"把互联网的创新成果与经济社会各领域深度融合,推动技术进步、效率提升和组织变革,提升实体经济创新力和生产力,形成更广泛的以互联网为基础设施和创新要素的经济社会发展新形态"。"互联网+"老年远程教育是以互联网作为重要传播途径的教学模式,充分利用"互联网+"和信息技术的优势,根据实际情况将互联网的思维、技术与老年教育相结合、共发展,具有资源利用最大化、学习行为自主化、学习方式灵活化、教学形式多样化等优势和特点。

（三）"互联网 +"老年远程教育的重要性

随着我国互联网、大数据、人工智能等信息技术快速发展，及老龄化程度的加剧，不少老年人面临着不会上网、不会使用智能手机、不会使用常见 APP 的困境，在现代化、智能化社会中会遇到许多不方便，无法充分享受现代化社会、智能化服务带来的便利。为进一步推动解决老年人在运用智能技术方面遇到的困难，丰富老年人精神文化生活，让老年人更好共享信息化发展成果，更好地适应老年社会实现"再社会化"，发展"互联网 +"老年教育十分迫切。

老年人学习需求应该被重视和满足，远距离线上教学能有效打破时间和空间的阻隔，"互联网 +"老年远程教育发展普及的重要性因此凸显。同时，"互联网 +"教学体系对于老年大学"一座难求"问题的有效缓解，推广远程教育，推广互联网教育的全民实践不可或缺，让老年人了解并习惯通过老年远程教育开展学习，对于全面发展老年教育十分重要。

二、以重庆市老年大学为例，"互联网 +"老年远程教育的实践

（一）学校现状

重庆市老年大学 2022 年秋季学期设有 13 个教学系，41 个专业，89 门课程，318 个班，在校注册学员 1.7 万余人次。重庆市老年大学结合本校实际，建立了老年大学信息化管理平台，实现了线上报名缴费、打印发票一体化，极大地减轻了报名压力；并依托信息化设备组织教学，开展教学管理相关工作；借助中国老年大学协会"网上老年大学"平台，开展线上直播教学。学校利用现代化设备、结合实际经验进一步推动线上线下教学相结合。

（二）利用线下学习打下远程教育基础

学校设置应用技术一系。2022 年秋季共设 18 个班，设有包括电脑与网络

基础等班级,学习最基础的电脑知识,掌握电脑基本使用方法和实用技能,课程安排从电脑开关机、软件安装使用到日常故障维护、电脑系统重装等方法;同时,学校还设有手机应用基础班,指导老年人掌握手机基础功能、安装和下载功能软件、熟练学会使用与社会生活高度相关联的 App。从基础到实用,由浅入深、循序渐进,既为老年学员学习打下基础,又增强了老年学员适应智能化社会发展的能力。

设有手机应用与电脑班。针对有一定的电脑、手机基础知识的学员,针对老年人在生活、出行、就医、消费等日常生活中遇到的不便、无法充分享受智能化服务带来便利等问题,安排老年人最感兴趣、日常使用频繁的相关软件作为教学内容,与信息化社会相结合,设置"互联网+"下的相关课程。课程安排包括沟通交流的微信、QQ、邮箱等 App 的使用方法,如何通过便民小程序进行生活缴费、预约办事等,网上购物、物流查询的方式方法,出行需要的火车票、飞机票、酒店查询等。有利于提高老年生活质量,帮助老年人更好地融入现代科技文化的氛围与生活。

设有手机编辑班、数码影像处理班、提高班、研修班等。根据不同老年学员的不同学习进度与学习需求,更有针对性地设置课程安排,更注重专业性与实践操作,让老同志在学到较为完整和系统的知识结构的同时,提升学员的欣赏水平与专业能力。用理论指导实践,课程安排贴近老年人需求,让老年人学得快乐,使老年人生活更加丰富多彩。

线下学习能让老同志基本掌握电脑、手机使用,既能满足现代化社会基本需求,也能进一步奠定线上学习基础,通过"互联网+"老年远程教育学得更广、学得更深。

(三)老年远程教育

2008 年 6 月,重庆市老年大学开设老年远程教育,至今已免费为老年学员在中国老年大学协会远程教学网上注册用户 4 600 多个,累计学习人数 26 万余人;依托市委《红岩网》开设农村老年远程教育的收视率覆盖全市 38 个区、县;积极指导老年远程教育 10 个实验区、4 个示范区建设,指导建成远程教育学校 640 多所,开设远程教学点 2 000 多个,累计有 60 余万人次免费参加远程教育学习;在重庆有线电视台"养老 789"频道开设"老年大学"专栏,累计点击率近 50 万人次;开发制作老年远程教育课件 127 个,其中优秀课件 32 个、特色课件 21 个、精品课件 4 个、特别贡献课件 1 个。

　　学校通过借鉴成熟的互联网教学经验,有效利用老年大学师资力量、教学场地等,推出在线直播、录播、制作课件等方式,将最优秀的教师资源、最优质的课件、最广泛的课程内容通过网络向更广泛的受众、更广泛的地区辐射,以满足老年群体居家学习的需要。录制远程教学课件《计算机汉字录入法》《智能技术 智慧生活》等助力老年学员跨越"数字鸿沟",更好享受智慧生活。

　　重庆市老年大学协会结合市老年大学开展远程教育的经验,指导各区县老年大学开展远程教育,推动了重庆市老年教育全面发展。各区县老年大学根据自身情况,发展有自己特色的老年远程教育。市级老年大学做好带头示范作用,区县老年大学发挥自己特色,提升老年人获得感,共同推进老年教育全面覆盖,对缓解老年教育"一座难求"问题发挥了巨大作用。

　　发展老年教育是夕阳工程朝阳事业,是应对当下人口老龄化的重要举措,我们要以习近平新时代中国特色社会主义思想为指导,全面学习宣传贯彻党的二十大精神,充分利用好老年大学现有的资源优势,结合实际发展好"互联网＋"老年远程教育。我们要聚焦老年人日常生活所需,做实做细,在推进老年远程教育发展的实践中不断解决问题、创新发展,让老年人在信息化高速发展中有更多获得感、幸福感、安全感。

参考文献:

[1]　国务院《关于积极推进"互联网＋"行动的指导意见》(国发〔2015〕40 号)_政府信息公开专栏。见 http://www.gov.cn/zhengce/content/2015－07/04/

content_10002. htm

［2］　国务院办公厅印发《关于切实解决老年人运用智能技术困难实施方案的通知》（国办发〔2020〕45 号）_政府信息公开专栏。见 http：// www. gov. cn/zhengce/content/2020 - 11/24/content_5563804. htm

［3］　重庆市第七次全国人口普查数据"出炉"10 年来重庆人口增加 320. 8 万人_重庆市人民政府网。见 http：// www. cq. gov. cn/ywdt/jrzq/202105/t20210514_9279900. html

［4］　《中共中央　国务院关于加强新时代老龄工作的意见》，《人民日报》2021 年 11 月 18 日第 1 版。见 https：//wap. peopleapp. com/article/6370523/6258094

作者简介：

严凡稀，重庆市老年大学理论宣传科工作人员。

老年远程教育网络教学资源建设的探索研究

摘　要: 老年远程教育网络教学资源建设是一项久久为功的事业,需要老年教育工作者精心谋划,加强顶层统筹设计和整体规划,需要具备敏锐的观察力和较强的实操能力,时时关注新兴数字技术的应用普及,按照一定的设计原则和理念不断完善教学资源,推动老年远程教育和信息化技术同频共振,打破"数字鸿沟",实现资源共享。

关键词: 老年远程教育;网络资源;建设

老年远程教育作为老年教育的一个重要领域逐步显示出其不可或缺的地位,在近几年发展过程中以其特有的优势,为扩大老年教育资源供给提供新路径,展现积极的教育引导作用。线上教学如火如荼,老年人通过网络实现不间断学习,在"云课堂"里汲取正能量。当下老年大学线下教学稳步开展的同时,线上教学持续推进,因此,发展好网络教学资源对推进老年远程教育发展,具有十分重要的意义。

一、老年远程教育网络教学资源建设的重要意义

老年远程教育开展以来,各地积极探索发展路径,围绕"互联网＋"、云存储、大数据等新兴技术的应用,推动信息技术服务老年教育,推进线上线下教学资源交互式融合,不断提升老年教育现代化水平。而老年远程教育持续高效发展离不开教学资源的有力支撑。

(一)建设网络教学资源是加快老年教育信息化发展的基本要求

信息时代引领各行各业步入发展新轨道,老年教育也在探索新型教学模式,从传统的面对面授课到远程授课,从一对多教学到一对一线上辅导,从单一的读写模式到声音、图片、影像的立体化展示,无不彰显网络时代对老年教育的改变。教学从线下到线上融合发展,跟上数字时代的快车,完善老年教育体系,建设优质的网络教学资源是开展老年远程教育最基本的要求。

(二)建设网络教学资源是提升老年学员自主学习的重要途径

人口老龄化的问题毋须赘述,面对庞大的老年群体和有限的老年大学的现实,践行好"活到老、学到老"的教育理念,仅仅依靠老年大学自身的力量是不够的。通过网络教学,提高老年人的自主学习能力,在居家生活、旅游途中可以享受到良好的教育资源,形成处处能学、时时可学的老年人学习需求。除了吸引老年学员自发学习,还需要具备高质量网络教学资源和丰富的课程种类,使老年学员有意愿、主动地参与线上教学,在网络世界享受学习的快乐。

(三)建设网络教学资源是促进老年教育资源共享的有效方法

我国幅员辽阔,在悠久的历史长河中孕育出不同地方特色的文化,老年远程教育的开展为实现不同地域的文化共享提供了有效载体。老年人可以在网上冲

浪领略各地风土人情和文化,足不出户而知天下事。老年远程教育自开展以来,一些公益组织和老年大学录制了许多优秀的课程,各地区之间有必要构建老年网络教学资源共享体系。

二、老年远程教育网络教学资源建设的基本原则

(一)明确对象,符合需求

老年远程教育主要是为老年人服务,因此在网络教学资源建设时要明确服务对象是老年学员,依据老年人这个目标群体的特性,合理设计网络教学平台、课程体系和教学内容。老年人的学习特点,一是不再以自然科学类知识为学习重点,更加注重修身养性和文艺类技能研究;二是记忆力减退,对于复杂的需要大量记忆的知识掌控不足;三是有一定的文化素养,对学习内容的质量要求较高,要符合不同文化层次老年人的学习需求,设计不同难易程度的教学资源。因此,在搭建网络教学资源的过程中,要注重研究老年学员的特点,有针对性地设计符合需求的学习框架和具体内容,吸引老年群体主动自发地参与远程教育当中。能否满足老年人的学习需求,是衡量网络教学资源质量高低的重要标准。坚持以老年学员为中心是老年远程教育网络教学资源建设的一个重要价值取向。

(二)统筹规划,注重质量

开局关系全局,起步决定后势。开展老年远程教育网络教学资源建设要强化系统观念,从全局的角度统筹规划,推动资源建设取得更多实质性、突破性、系统性成果,全面进行顶层设计,形成资源体系。网络教学资源体系的形成需要整体布局,包括搭建网络平台、完善基础设施、明确教学目标、确定录课教师、匹配维护人员、保证经费投入和加强组织管理等。从老年人的角度来评估网络教学资源的品质,有以下几点:一是视频课程专业新颖,二是讲解生动有趣,三是课

程设置深入浅出,四是线上答疑的回复言简意赅,五是网络平台响应迅速,只有做到这几点并坚持以高品质为抓手,才能保证老年远程教育网络教学资源建设的质量。

(三) 完善平台,确保安全

网络教学资源平台是开展线上教学的主要载体和基本框架,构建一体化在线服务平台要注重合理配置和安全可靠,确保平台运行过程中稳定有效。智能手机的迅速普及促使网络教学资源平台除了需要加强电脑端的建设还要稳步推进移动端的应用,因此搭建平台要充分考虑技术的更新。一是底层编码留有扩充余地。现代信息技术的迅猛发展,平台建设要与时俱进,因此平台建设要留有足够的吸纳新技术的编码空间。二是移动端开发确保兼容性。目前主流智能手机主要有两大操作系统,一是 iOS(苹果)系统,一是 Android(安卓)系统,老年人通过智能手机学习,要保证使用任何操作系统均能正常登录、观看。三是网络安全要与时俱进。学员通过注册进入平台学习,后台数据库存储大量学员个人信息,要确保后台不被非法入侵、信息不被盗用。

(四) 持续发展,规范管理

事物的发展总是循序渐进的,老年远程教育要保持良好的发展势头就需要秉承可持续发展理念,需要教学管理部门、技术部门、学科教师、采编人员等同心协力共同打造出保质保量、精致优良的网络教学资源。要使网络教学资源建设推陈出新,勇立潮头,需要做到以下几点:一是主动学习新技术,在资源建设的整个过程中,无论是统筹管理负责人还是具体分工实施人员,都需要不断充实头脑,学习先进的技术,与时代同行,才能在资源建设时提出新见解,做出新成绩,展现新形象。二是确保资源完整性,老年远程教育网络资源建设的核心主要是视频课程,包括图片、声音、影像、动画、文字等,这些元素完美结合才能形成一个完整的课程体系,从学科建设的角度出发,要不断适合具有不同知识水平的老年人学习的需求。三是实施规范化管理，在网络资源建设的同时要加强制度建设，依法依规管理，才能保证网络教学资源建设永续发展。

三、老年远程教育网络教学资源建设的主要内容

（一）注重人力资源建设，打造专业人才队伍

"大学最要者即良教师。"著名教育家张伯苓先生曾这样评价教师的重要性，可见优秀的教师对于一个学校的发展是极为重要的。老年远程教育的专业人才除了远程教师，还需要技术运维、录制编辑和后台服务人员，四支队伍各司其职、相互协作才能将网络教学资源有力地支撑起来。目前，这四类人才在老年远程教育领域中相对稀少，需要吸取和培养老年远程教育的专业型人才。

1. 远程教师队伍建设

与线下课堂教育的侧重点不同，远程教育更注重学习端即学员自主学习，而现有的教师队伍已经习惯于课堂教学思维，在开展远程教育过程中仍是以原有教学方式授课，无法有效地吸引老年学员，导致老年远程教育开展缓慢。远程教育要从"我能教给你什么"转变为"你能学到什么"，因此，一是要加强教师的思维转变，引导老年学员探索线上学习之路。二是要培训教师掌握新兴技术，学会用辅助工具完成线上教学，使授课过程精彩纷呈。三是要注重师生线上互动，以学员为主导者，围绕学员的问题，答疑解惑，并对取得的成绩给予肯定。

2. 技术运维队伍建设

网络教学离不开专业的技术人员，从网站后台搭建到前台呈现，从试运行调试到正式开通维护，从与新技术对接到代码实现，每一个步骤都需要技术支持。由于程序员、需求分析师和美工等都是阶段性或者临时性所需求的人力支持，因此可以在现有成熟的市场中寻找能提供以上技能的专业公司作为技术支持单位，老年大学可以支付一定的费用以帮助开展老年远程教育。与专业的公司签订协议，明确主要做好以下工作：一是网站运行过程中出现故障立刻响应及时

解决。二是根据远程教学需求,适时添加新功能。三是加强数据维护和网络安全保护工作。

3. 录制编辑队伍建设

老年远程教育要不断探索新型教学模式与时代接轨,现阶段可采取录播、直播、3D体感、音频和图文等形式开展在线教育,随着日后人工智能的完善也可加入虚拟互动功能,促进数字信息技术与远程教育深度融合,因此组建具有各地特色的老年远程教育录制编辑队伍迫在眉睫。录制编辑人员需符合以下要求:一是要熟练使用各种录播、剪辑设备。二是具有较强的脚本创作能力。三是能与其他工作人员进行良好的沟通协调。四是有效控制拍摄进度,根据老年远程教育特点把控主题。

4. 后台服务队伍建设

老年远程教育网络教学资源除了视频、音频课程外,还涵盖电子书、信息交流、学员作品和数据统计等功能,这些内容的维护需要后台服务人员,后台服务是集后台维护和客服工作于一身的综合型岗位。这项工作琐碎繁杂,需要工作人员有耐心、够细致,随时查缺补漏与技术人员沟通处理出现的问题,及时上传统计各类消息数据,注重时效性。

(二)合理构建课程体系,促进立体教材发展

网络教学资源建设的核心是建立视音频资源库,以课程、专业、学科的递进关系设计课程体系,保证资源的完整性。同时,远程教学要运用更加完备的立体化教材,全方位提供辅助学习材料。

1. 课程资源建设

老年远程网络教学资源建设,一是统筹规划课程体系,按照学科分门别类,划分不同专业,由专业教师设计具体课程内容,保证课程的全面完备。二是精挑细选课程内容,确保网络课程均是精华部分,紧紧吸引学员目光。三是知识讲解精细化,尽量思考在学员学习过程中可能出现的疑难问题,做到提前预估,将知

识点碎片化,促进学员理解吸收。四是善于创新教学手段,利用模拟演示等技术将教学过程变为生动活泼的学习和互动过程。五是合理设定课堂时间,一般以30分钟为宜。

2.立体教材建设

老年远程教育引入了先进的信息化技术,不再是扁平化的授课过程,教材也不再是单一的纸质书籍,而是强化了辅助设备的使用。可通过立体化教材的建设,更好地满足老年人远程学习需求,从而提高教学质量,提升学习效果。一是配备配套的电子教材,既可以通过扫描的形式将纸质教材整本转换为电子教材,也可以根据授课内容提炼出重点内容编辑成 PPT 形式输出。二是增加扩展知识的电子书籍,挑选适合本课程的延展课外读物,从现有市场选取质量上乘的电子书籍,供学员阅读。三是利用动画、3D 技术形成画中画模式,生动形象地展示课程难点。四是搭建网络资料库,以图片、音频、文字、微视频等形式,建立各学科资料库,支持教师和学员随时查阅。

(三)强化后台管控能力,提高整体服务水平

"工欲善其事,必先利其器",网络后台就是老年远程教育的"器",要善用利器,精准服务。保障网站运行要做好日常维护,随时更新上传学习资源,同时要研发后台的教学管理和大数据统计功能,严格把控网络教学质量。

1.注重统计分析数据

使用云计算功能,可以有效地分析掌握老年远程教育学习资源的优劣,为后续建设更为优质的资源提供参考依据。一是老年学员注册登录学习,可根据学员浏览量、学习时长、登录频次等分析学员喜爱的课程,可加大投入制作更为专业细致的学习资源。二是按照学员的学习习惯可分析出该学员的学习轨迹,为教师提供差异化线下辅导指明方向。三是汇总学员在线提出的问题,对于重复出现的疑问可在网页前台明显位置处设置集中解答区,便于学员及时解惑。四是生成网上调查表,适时统计所需数据,缩减调研成本。

2. 完善评价激励机制

网络教学过程中以符合老年学员需求为首要任务,同时也要对老年学员的学习效果进行测评,因此要建立评价考核机制,一方面激励工作人员提高服务质量,一方面鼓励学员学习成长,互动考核提升能力。一是要以评促教,由学员评选出优秀课程和优秀教师,学校给予一定的奖励,鼓励教师再接再厉。二是要以评促改,对于学员提出问题的解答是否符合需求,由学员满意度测评,加强后台服务人员的服务水平。三是以评促学,开发易操作的试题库和学分银行,学员课后可以进行自测,例如英语专业学员通过手机朗读语句,系统对比读音后在线打分,并标注哪个单词读音不够标准,激发学员的学习热情;学员学完一门课程、答题测试、发表作品等都计入学分,学分累积到一定数值即可兑换证书或者小礼品。

四、结 语

老年远程教育网络资源建设的道路还很漫长,需要加大投入、拓展技术应用,充分运用现代网络技术打造属于老年人的数字学习乐园,促进5G、AR(增强现实)、VR(虚拟现实)等新手段融入老年远程教育,为早日实现沉浸式远程教育体验打下坚实基础。

作者简介:

范静,吉林省老年大学三级主任科员。

关于帮助老年人跨越"数字鸿沟"研究

摘　要：随着互联网等信息技术快速发展,智能化在社会各个领域广泛应用,深刻改变了人们的生产生活方式。同时随着人口老龄化的迅速发展,我国老龄人口数量快速增长,相当一部分老年人在上网、使用智能手机、出行、就医、消费等日常生活中遇到困难,老年人面临的"数字鸿沟"问题日益凸显,无法充分享受智能化服务带来的便利。在社会人口老龄化背景下,政府、社会、家庭和个人应当共同寻求解决"数字鸿沟"的方法和途径,为及时推动解决老年人在运用智能技术方面遇到的实际困难,为老年人更好共享信息化发展成果寻找解题之策。

关键词：数字鸿沟;老年人;远程教育;日常生活

互联网和信息技术推动了人类社会万物的互联互通,手机点餐、滴滴打车、扫码支付、网上挂号……无处不在的便利,让人们仿佛进入了一个"无码不欢"的时代。万物互联风驰电掣地驶向了万物智联的快车道,人们已经置身于智能化时代。然而,在多数人享受数字技术便利的同时,老年人却面临日益困窘的处境。有的人因没有智能手机,无法出示健康码而遭到拒载;有高龄老人为激活社保卡,被子女抬到银行柜台前进行人脸识别……在很多地方,数字化"局外人"现象令人颇为感慨。何谓数字鸿沟?是科技的快速发展,还是老年人自身造成了老人在数字化时代处于弱势地位?如何解决老年人面临的"数字鸿沟",值得深入探讨。

一、"数字鸿沟"困境

(一)"数字鸿沟"现状

"数字鸿沟"特指在社会信息化、数字化、网络化发展过程中,不同基础条件的信息主体拥有和使用现代信息技术存在的差距。由于性别、年龄、收入和受教育程度等不同,在接近、使用新信息技术的机会与能力上的差异,即使接触到相同的信息,不同的人从中获取知识的速度、效率也不同,使得最终获得的知识量也不同。根据中国互联网络信息中心发布第48次《中国互联网络发展状况统计报告》显示的数据,截至2021年6月,中国已有超过10亿网民,其中60岁及以上老年网民占12.2%。这意味着,我国已有超一亿"银发网民",老年人已是不容忽视的网络用户群体。

(二)老年人"数字鸿沟"的调查

在互联、智联时代,智能设备已经成为人们日常生活不可缺少的便捷工具。这说明,当前了解老年人上网特点、兴趣偏好、网络需求,以及应用智能设备和在网络空间遇到的各类难题,很有必要。我们针对老年人学习智能技术情况,对100名60—80岁的老年人掌握使用智能设备及软件的情况进行了问卷调查。从年龄分布看,60—70岁有82%在使用,70岁以上的较少使用;从文化程度来看,使用智能手机设备及软件的,18%为高中及以上学历,32%为初中学历,50%为小学及以下学历;从职业方面来看,退休前从事知识型工作的老年人使用智能设备较普遍;从使用用途来看,70%的老年人选择与人保持日常联系和获取信息,22%的老年人选择娱乐,8%的老年人选择购物和出行。从学习使用智能设备途径看,有25%为自学,41%是通过家人帮助,16%为同龄人相互交流学习,18%在社区活动中心或是社区老年学校学习。调查表明,约70%的老年人感觉到使用困难,许多功能记不住,操作难度大,相当部分的老年人使用智能设备需要借助外部帮助,如到银行转账、存取款等需要工作人员帮助。

(三)"数字鸿沟"的影响

随着人类社会信息化、智能化的不断发展,"数字鸿沟"已直接影响老年人的生活。如网上消费支付受阻、不会网上就医挂号等,以及在获取和使用数字信息服务、出行、购物、接受网络教育等方面,都给老年人的生活带来了种种困难。如果不解决这个问题,随着信息技术的快速发展和广泛运用,老年人遇到的"数字鸿沟"将越来越深,最终导致广大老年人无法分享改革开放和科技进步所带来的成果。

二、"数字鸿沟"成因分析

根据第七次全国人口普查数据显示,截至2021年5月,我国60周岁及以上人口超2.63亿。按照《第48次中国互联网络发展状况统计报告》截至2021年6月的统计数据,我国60岁及以上网民占全体网民比例的12.2%,人数约为1.23亿人,照此推算,老年人中与互联网"无缘"的约占全国老年人口一半以上,约1.4亿人。由于多数老年人接受新的智能技术能力较低,使得老年人口,或者说人口在老龄化过程中逐步形成了基于年龄的"数字鸿沟",一些老年人受知识、技能和条件所限,被挡在移动互联网的"门外"。进一步探究老年人"数字鸿沟",我们发现主要有以下几个方面原因:

（一）老年人面临受教育程度和生理两方面挑战

根据调查结果显示,性别、年龄和受教育程度对老年人使用电脑、互联网、智能手机等设备有显著影响,其中,受教育程度具有决定性作用。老年人视觉、听觉等身体机能的衰退直接影响其对现代科技的使用与操作。同时,随着年龄的增长,学习和记忆困难让老年人对新生事物的学习和运用的能力下降。有的甚至存在畏难心理。

（二）现在智能设备的控制和操作系统要求具备一定的知识和使用能力

现代科技产品不像过去的一般电子产品使用几个按钮旋钮就能够解决。科技现代化及液晶显示屏的广泛应用与信息技术紧密结合,多种软件的开发应用,使智能设备的应用具有一定的技术含量,许多的智能设备的使用需要经过专业的培训,掌握具体技能。年纪大的人有一个接受新生事物的过程,如智能手机的广泛普及时间很短,当老年人想用智能手机时,普遍感到操作上的深奥和许多功能不会操作。另一方面,在科技现代化和产品不断创新的过程中,也存在对老年群体考虑不足的问题,比如,按照老年群体进行人性化设计的智能手机,能够直观简易操作的还不多,特别是在功能操作、手机系统设置和维护以及 App 下载等方面。老年人通常会遇到问题,有的产品功能过于繁多,适用性少,尤其是商业信息的无孔不入、肆意侵入,使老年人对技术有用性和易用性的认同感不足,在一定程度上影响了老年人对一些新产品、新媒体、新技术和新软件的应用。

（三）信息科技家庭、亲友互助和社会支持不足

研究表明,对于老年群体而言,在现代网络科技普及过程中,老年人现代科技技能培训相对滞后,现在社区老年学校开设的电脑、网络和智能手机使用等方面的课程很受欢迎,体现适合老年的生活需求。除此之外,信息技术运用在代际文化反哺、亲友互助以及信息资源和终身教育投入对老年人的数字素养提高也具有关键

作用。在网络时代,在日常生活中面对新鲜事物,老年人也会经常向子女求助,子女耐心帮助指导,在一定程度上促进了老年人学习兴趣和对数字技术的融入。

三、解决老年人"数字鸿沟"的建议

(一)各地政府和部门要把"智慧助老"纳入议事日程

根据国务院办公厅印发《关于切实解决老年人运用智能技术困难的实施方案的通知》(国办发〔2020〕45号)的要求,各地政府和相关部门要尽快出台符合本地实际的实施方案,从老年大学角度来看,可以开设相应课程和加大远程教育力度,让老年人学习使用智能设备,提供更多的学习机会和平台,使老年人熟练掌握基本操作技能,更好地享受时代的智能化服务。政府相关部门要按照实施方案,在窗口服务、软件应用等方面采取便捷化措施,解决老年人在使用过程中遇到操作上的实际困难,同时强化监督检查,把为"老年人的智能服务"做细做实,最大限度地让老年人共享智慧社会便利。

(二)切实发挥老年教育和社区的智慧助老服务作用

让老年人融入数字时代,应在智慧养老助老方面下功夫。根据国家有关部门数字显示,我国90%以上的老年人选择居家养老,因此各社区要充分发挥为老年人智能化技术运用服务的功能,老年大学可与社区等单位开展合作,将学习场景和生活场景有机融合。2022年以来福建互联网开放大学组织力量在城市社区广泛开展智慧培训,受到老年人的普遍欢迎,收到很好效果。也可考虑通过进一步联动市县两级老年大学远程教育课程,开设智能产品使用的操作课程,让老年人在家里就可以接受智能教育。

(三)组织智能化设备应用的讲解和宣传

智慧养老的服务需要熟悉智能技术的人员参与和支持,由有关涉老部门,组织精通智能技术(包括智能手机)的人员,根据老年人对智能技术的需求,分别深入社区、深入老年人较为集中的公共场所,以志愿服务的方式,从普及智能手机的相关知识开始,帮老年人解决使用智能手机的基本方法。也可以请有经验的、使用智能产品娴熟的中老年人现身说法,解决老年人对智能产品不敢用、不会用的问题。比如:一是从打开手机屏幕设置开始,如何设置密码,让老年人方便使用且及时打开屏幕进行操作;二是如何下载常用的软件,老年人使用智能手机,目前主要是微信、支付宝和新闻之类的常用软件,教他们使用 Wi-Fi、搜索所需要的内容,正确下载并安装;三是教会老年人利用智能手机,会使用微信和视频聊天,便于在家和不住在一起的亲人、朋友联系更加便捷;四是使用微信支付和支付宝等方便外出购物和缴费;五是学会网上挂号、购票、订餐等操作,方便就医、出行等日常生活;六是学会拍照和拍视频,外出时可以把看到的精彩场面及时记录下来;七是要学会接收新闻信息,让老年人有选择地看看新浪、搜狐以及人民日报客户端等。同时广泛开展使用智能设备的科普宣传等。

(四)发挥家庭数字反哺与帮助作用

助力老年人跨越"数字鸿沟",不仅需要政府、企业、社会发力,家庭的作用亦不可忽视。据调查统计显示,92%的老年人在遇到手机使用障碍时,首选向子女求助。子女不仅应帮助长辈学习智能设备操作技能,还应帮助他们提高识别网络虚假信息、应对诈骗的能力。由于现代生活节奏加快、工作压力大,很多人没有足够时间帮助父母学用相关数字设备,而且由于一些老年人记忆力衰退,存在屡教屡忘的问题,子女要保持足够的耐心,把帮助长辈作为自己应尽的义务,努力帮助长辈学会智能服务应知应会的常识。

(五)着力推动相关智慧产品操作的适老化

现在许多刚退休的老年人都承担了很多家庭服务工作,照顾孙辈及日常生活照料、购物、家庭卫生、电器维修、水电缴费等,老年人的这种家庭服务解决了子女后顾之忧,可以让年轻一代全身心地投入工作中,这种"老"动力的利用对家庭和社会都具有极大的好处。因此,各级政府及相关部门为民服务窗口,要坚持传统服务方式与智能化应用创新并行,既要保留人工窗口、现金使用等传统服务,也要针对老年人开发操作简便的适老化智能终端,寻找更加便利的途径。在智能化产品和服务应用方面,重点推动与老年人基本生活密切相关的网站、手机App 的适老化改造,同时也鼓励企业在智能设备上提供"老年模式""长辈模式"等,使老年人更加方便、快捷地获取信息和运用智慧设备,熟悉相关操作,获取并享受智慧服务。

(六)努力提升老年人智慧服务的获得性和满意度

科技发展是对人类的馈赠,老年人成为受益群体很重要。从整体上看,数字时代的数字产品为人们的生活带来很多便利,从积极应对人口老龄化的角度,应该更加注重解决好老年人的使用难题。从有关信息获知,近期很多部门出台助老扶老措施:在金融应用方面,央行将引导金融机构用好智能技术,提升服务深度、广度和温度,让金融科技成果更好惠及包括老年人在内的广大人民群众,保证在数字普惠金融的道路上"一个都不落下"。比如,在现金管理方面,全面开展拒收现金集中整治和长效机制建设工作;在支付服务方面,针对部分老年人不会使用移动支付、日常消费不便的问题,指导市场机构从界面、操作等方面入手,切实提升支付产品的便利性、便捷化程度。在交通运输方面,交通运输部门将坚持强化传统服务、便利智能服务"两条腿"走路的原则,切实把为老年人出行服务抓实抓细抓到位;在医院等老年人集中的场所推动设置出租汽车停靠点、临时候车点以及临时叫车点,指导鼓励网约车平台优化约车软件,增强方便老年人使用的一键叫车功能等。在卫生健康方面,国家卫健委将在全国开展"建设老年友善医疗机构"活动,便利老年人看病就医,绝不能让一位老年人因为不会运用智能技术而挂不上号、看不成病。在网络安全方面,"数字鸿沟"要填平,清理那些针对老年人的"数字陷阱"同样不能忽视。中国社科院的一项报告显示,约 2/3

受访老年人在互联网有过上当受骗或者疑似上当受骗的经历。比如,应用平台可以打造老年人专用模块,开启过滤、提醒等功能,将一些诈骗信息和病毒软件拦截在外;一些手机厂家推出亲情守护模式,家人可以远程删掉垃圾短信、终止诱骗支付等。相信这些措施能极大提高老年人跨越"数字鸿沟"的能力。

参考文献:

[1] 周裕琼:《数字弱势群体的崛起:老年人微信采纳与使用影响因素研究》,《新闻与传播研究》2018 年第 25 期。

[2] 中国互联网络信息中心:《第 48 次中国互联网络发展状况统计报告》2021年 9 月 25 日。

[3] 徐越等:《智能化背景下老年人数字鸿沟的影响因素及其形成过程分析》,《智能计算机与应用》2020 年第 2 期。

[4] 杨一帆、潘君豪:《老年数字鸿沟治理的一个分析框架》,《老龄科学研究》2019 年第 10 期。

[5] 唐钧:《中国老年服务的现状、问题和发展前景》,《国家行政学院学报》2015 年第 3 期。

[6] 国务院办公厅印发《关于切实解决老年人运用智能技术困难的实施方案的通知》(国办发〔2020〕45 号),2020 年 11 月 24 日。

[7] 北国网:《智能化时代,老人到底需要什么样的智能产品》,2019 年 7 月24 日。

[8] 搜狐网:《切实解决老年人运用智能技术困难这个文件明确了关键点》,2020 年 12 月 24 日。

[9] 凤凰视频:《消除"数字鸿沟"解决老年人运用智能技术困难》,2020 年 12月 14 日。

[10] 芒种风向标:《老年人遇智能技术困难民政局代办》,2020 年 12 月 15 日。

[11] 佛山市老龄办、市卫健局:《强化基层医养结合能力建设,打造社区健康安

居服务新模式》。

[12] 郭燊:《〈福建老年报〉:引领老龄受众服务老年事业》,《传媒》2019 年第
　　　13 期。

作者简介:

课题指导:杨根生,中国老年大学协会副会长、福建老年大学校长。

执笔:谢道勇,中国老年大学协会远程教育工作委员会副主任、福建老年大学副校长。

林江旺,福建老年大学联络处工作人员。

老年远程教育课程质量监控与评价体系研究

——以泗泾镇老年学校微课建设为例

　　摘　要：随着信息技术的发展，远程教育成为老年教育的主要方式之一，各地各校都积极开展老年远程教育推广工作，搭建老年远程教育平台，打造远程教育系列微课，培养老年远程教育学习氛围等。为了保证老年教育的有序开展，各地各校加快进度，催生出大量以微课为主的在线学习资源，借助各自现有的传输平台，快速满足老年学员的学习需求。本文立足泗泾镇老年学校微课建设，对老年远程教育课程质量监控与评价体系进行了思考。

　　关键词：老年远程教育；课程建设；质量监控与评价体系

一、文献综述

（一）老年远程教育

　　老年教育是指为了让老年人能够继续学习而进行的形式多样、内容丰富的教育活动，也是终身教育的重要组成部分，它既要考虑到受众群体独特的心理特征和生理特征,还需要充分满足现代退休老年群体日益增长的学习需求,使老年人终身学习、强身健体、乐观开朗,丰富精神生活,享受退休人生。老年远程教育是指依托信息技术手段,以线上教育为主、自主学习为辅的老年教育服务形式,以"老有所学、老有所乐、老有所为"为核心,满足不同文化层次和不同年龄阶段老年人的学习需求。

(二)课程质量监控与评价体系

专家指出课程质量监控与评价体系是一个能够持续反馈课程建设情况、诊断课程开展过程、及时发现问题并进行调整的系统化工具。它需要涉及所有的课程参与者,覆盖课程设计、课程建设、课程推广、课程反馈和课程开发的全过程,针对不同的阶段或对象,采用不同的监控评价模式,是一个能够帮助课程有效实施并达到预期目标、促使各有关方面意见达成一致的过程工具。

二、老年远程教育微课现状

随着我国老年教育的蓬勃发展,老年群体的学习需求受到了更多的关注,相关的政策文件也在积极响应,不断优化老年教育的资源供给,促进老年教育的持续发展。老年远程教育是信息化时代的产物,随着其打破时间与空间的能力,成为了老年教育的重要手段之一,但仍有不足。

(一)研究热点不足,标准体系难以建立

根据中国知网调查,我国目前的研究重点在在线教学的模式上,大量的关注点在教学资源的开发以及线上线下相融合,对老年远程教育课程本身还缺乏足够的关注。对于在线课程的评价机制的研究,集中在三种评价方法上:一是问卷调查法,二是基于后台数据的数据总结分析法,三是最常用的指标体系评价法。但由于目前国内学者的分析视角不同,构建的指标体系差别较大,很难融合

形成标准的指标体系。

由于老年教育学习需求不同,各地开展情况不一样,各校目标群体画像不一致,很难参考基础教育的课程标准进行统一的评价,而是需要各校根据自己的实际情况进行动态调整,建设有利于自身发展、适合本校特色的老年远程教育课程。这样进一步加大了统一建立标准化老年远程教育课程质量监控与评价体系的难度。

(二)师资力量薄弱,远程课程转型受阻

基层学校是老年教育开展的主阵地,在转型老年远程教育的过程中,受限于时间、经费和场地等客观原因,教育资源并没有按照老年远程教育的标准进行转化,大部分仍以传统的线下老年教育模式为主,原有的基础设施也无法满足在线课程的开发,同时大部分教师都是来自其他领域的兼职教师和已退休的返聘教师,对在线课程的开发毫无经验。

而国内主流在线学习平台对老年学员并没有准备充分的学习资源,见表1。

表1　国内主流在线平台老年教育线上课程资源统计(数据截至2021年1月)

课程平台	课程数量(个)	主要类型
淘宝教育	2	医疗健康、文化艺术
新浪公开课	3	医疗健康、人生态度
网易云课题	10	医疗健康、社会保障、运动健身
学堂在线	12	医疗健康、文化艺术
中国大学 MOOC	27	医疗健康、养生休闲、文化艺术、心理学
腾讯课堂	31	医疗健康、养生休闲、文化艺术

同时现有的在线课程学习平台并没有进行适老化设计,根据学者的统计分析,存在着大量待改善内容,如表2所示。

表2　线上课程学习障碍问题因素

主要障碍问题	问题描述
界面布局	界面不直观,找不到目标,点错后不知道点哪里退出
信息内容	信息量过大,缺少必要的字幕描述,内容表达不易理解
文字问题	字体和行距过小,易漏读、误读
注册登录	找不到注册和登录目标按钮,不会输入,忘记登录密码
导航布局	导航分布不清晰,找不到目标
图片图标	图片图标过小,色彩过于丰富,内容难以理解

（三）教育资源浪费,学习需求无法满足

现有的课程学习平台并没有进行适老化设计,在线学习资源数量不足、内容单一,老年学员学习需求难以得到满足。为此,各地各校开始自力更生,实现线下教育往线上转型,但受限于技术水平,缺乏统一标准,重复开发现象严重,且内容重复率极高,同质化严重,造成了课程数量爆发,但覆盖面并未有效扩大,无法满足老年学员现实的学习需求。在课程建设中,过于追求速度与质量,缺乏开发经验,单纯地将线下课程照搬至线上,课程缺少互动,学员缺少交流,再加上缺乏有效的反馈渠道,学习效果并不理想。在远程课程的开发上,应该更加重视课程建设的质量,根据老年学员的需求,真正地推出一批精品在线课程,尤其需要在课程内容的基础性、专业性、前瞻性方面下功夫,结合本土优势形成具有特色的优质课程资源,以此凝聚更多的学习者。

（四）课程重建轻用,学习环节有待改善

目前老年远程教育课程的建设情况,存在着较严重的"重建轻用"现象,课程资源完成后,并没有得到有效的利用,在线资源促学的效果不佳,课程推广响应不积极,资源共享受限,造成资源的浪费。一方面是因为部分教师对老年远程

教育的理解不够深入，仍旧停留在线下学习模式，缺乏对课程的整体设计，而且由于对远程教育技术手段的不熟练，导致在线课程既没有享受到技术更新带来的优点，又因为缺少互动、联系和反馈等必要环节，导致了课程质量下降。另一方面是因为在线学习平台推广没有跟上，老年远程教育学习相对于线下存在着技术门槛，在平台的选择上要重视适老化，同时也要提升老年群体的信息技术水平，培养扩大在线学习平台的使用受众。

三、建立老年远程教育课程质量监控与评价体系

创建切实可行的课程质量评价体系是提高在线教学质量的关键。在建立老年远程教育课程质量监控与评价体系的过程中，由于资源和人员有限，需要针对关键环节设置相应的关卡，不同的关卡需要不同的参与者进行评价确保项目的运作，起到全程监控和控制资源投入的效果。

关卡一，课程选择。由提出新课程设想或改善方案的教师完成校本部资源库及网络平台的资源检索工作，一边学习一边判断重新建设课程的必要性，如不存在相似课程，则抱着补短板的原则，进入下一步备课拍摄环节，如存在相似课程，则须进一步确认本课程教学内容的定位与层次，报下一关卡。

关卡二，课程初审。由相关课程教师组成审查小组，对上报的课程方案与相似课程进行全面比对，判断是否存在覆盖，如有大部分重合，则判断已有课程是否优于新课程方案，如果是，则获取授权添加至资源库完成本课程建设，如果经判断新课程方案优于已有课程，则存在课程建设的价值，进入下一步备课拍摄环节。

关卡三，课程诊断。只有根据本校学员的实际情况，量身定制较为适合的课程建设，才能提高学习效果，更好地促进线上教学。经过上述两个关卡后，资源库中存在着相当数量的远程教育资源，现在需要邀请部分老年学员进行课程体验，判断是否满足本校老年学员的学习需求及学习习惯，如果没有满足，则收集意见回到关卡一进行课程修改，如果初步满足，则可以进行下一步的课程推广。

关卡四,课程升级。通过一定的宣传让学员对现有课程有所了解,并持续使用一段时间后,根据老年远程教育课程授课平台中的竞争优势、课程的不可替代性及先进性等因素,结合学员的远程教育教学质量、远程教育学习需求及远程教育学习体验感后,判断是否需要适当调整备课方案、线上教学计划、讲授方式、课堂提问、课后作业及考核方式等,以便更好地打造较高质量且适合本校的老年远程教育课程。

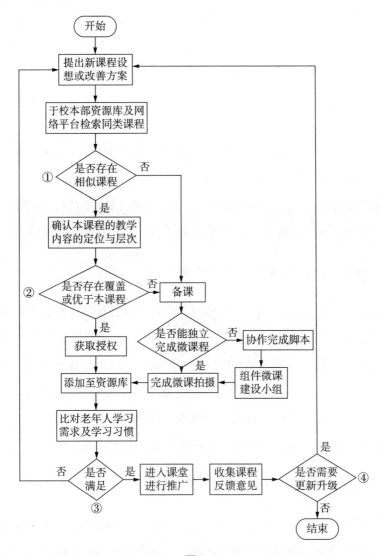

图1

四、老年远程教育课程的改进措施

(一)优化教师队伍,提升课程开发能力

要跟上老年远程教育发展,需要对现有教师队伍进行优化。通过吸纳新教师、培训老教师,或是资源共享、合作共建等形式,丰富师资库。由于远程教育的特殊性,消除了定时定点上课的限制,极大丰富了我们聘任兼职教师的选择方向,同时还可以通过专业的拍摄团队,提升课程的整体效果。

(二)强化平台建设,打造适老学习场景

许多在线平台,如腾讯会议、腾讯课堂、钉钉等都可以实现老年远程教育,同时微信群及微信公众号等也可以助力老年远程教育。对此需要考虑到老年学员的使用习惯,酌情选择合适且稳定的平台,熟悉操作方式,发挥技术优势,丰富教学手段,提高教学效果,培养学习习惯,搭建长久有效的在线学习场景。

(三)细化课程分类,避免开发资源浪费

现有老年教育课程门类众多,老年远程教育的课程分类应当更为精细,既要考虑到老年学员的多元化学习需求,又要考虑到老年学员的适应性学习效果。随着信息技术的发展,自媒体的推广,如大学 MOOC、网易云课堂、B 站等在线学习平台的出现,使得学习资源的丰富性大大提升。我们应帮助老年学员进行挑选和分类,将可直接采用的资源充入课程库,对不符合老年学员学习习惯的课程进行改造,对老年学员有需求但未满足的部分进行新增补充。

(四)深化课程反思,促进微课稳步提升

在课程完成后,教师仍需要对课程进行反思。远程教育无法提供面对面的指导与交流,大部分需要靠老年学员自学。如何提高学员的积极性,并保证在线

教学效果和教学质量相结合是老年远程教育的关键。教师需要根据学员的反馈情况以及督导员的建议,定期更新课件,并建立微信学习圈,改进授课方式、授课策略等,必要时可以重新建设课程。只有通过这样一步步改进,才能使得授课教师在教学上取得更好的效果。

参考文献:

[1] 吴忠观.人口科学辞典[M].西南财经大学出版社,1997。

[2] 李学书.中外老年教育发展和研究的反思与借鉴[J].比较教育研究,2014,36(11): 54-59,68。

[3] 韩学芹.高职课程质量监控评价体系研究[J].唯实·现代管理,2014(04): 51-53。

[4] 李春艳,王建虎,蹇轶."互联网+"时代新疆高校教师信息化教学能力调查[J].新疆广播电视大学学报,2019,23(03): 1-6。

[5] 韩东,王述芬,李秀丽,等.国内在线教学的评价机制研究综述[J].科技资讯,2021,19(5): 4。

[6] 周雪,张晨.终身教育背景下老年教育线上课程资源的建设与探索[J].新疆广播电视大学学报,2021,1(02): 63-67。

[7] 毛丽萍."互联网+"环境下老年人学习障碍的调查与分析[J].成人教育,2018,38(06): 57-60。

[8] 王娟.老年开放大学远程在线教育与闭环学习模式研究[J].长江丛刊,2018(26): 2。

[9] 刘选.MOOC浪潮下开放大学在线课程的发展路径研究[J].当代继续教育,2018(36): 67-73。

[10] 石兆.高校在线课程质量评价体系建设的制约因素及对策[J].产业与科技论坛,2018,17(20): 278-279。

[11] 邱均平,欧玉芳.慕课质量评价指标体系构建及应用研究[J].高教发展与

评估,2015(5):75。

[12] 来阳,姜珊珊.地方独立院校应用型人才培养模式教学质量评价体系构建
[J].黑龙江畜牧兽医,2019(23):140-145。

作者简介：

喻杨,上海市松江区泗泾镇成人中等文化技术学校教师。

新时代老年远程教育新方法及新热点研究

摘　要：2021 年《中共中央　国务院关于加强新时代老龄工作的意见》指出，依托国家开放大学筹建国家老年大学，搭建全国老年教育资源共享和公共服务平台。开放大学体系成为开展老年远程教育的中坚力量。目前各地在老年远程教育领域积累了一些成功的经验做法，学者们也都积极地进行相关的研究，不断深化对老年远程教育的认识。在新时代新环境下，老年远程教育需要紧跟时代发展，提高老年教育增量，不断优化课程资源，创新教学形式。

关键词：老年教育；资源共享；课程资源

一、新时代语境下的老年远程教育

中国特色社会主义进入了新时代，这是我国发展新的历史方位。在新时代，我国社会主要矛盾已经转化为人民日益增长的美好生活需要和不平衡不充分发展之间的矛盾。在新时代的语境下，老年教育也呈现出它的时代特点，也面临着随之而来的挑战。一是老年教育的对象群体不断扩大。第七次人口普查显示 60 岁及以上人口占总人口的 18.70%（其中 65 岁及以上人口占 13.50%）。而且 1971 年计划生育之前的婴儿出生高潮反映在当下必然是老龄人口的高潮。因此，在新时代老龄人口必将持续且加速增长。二是老年教育需求更多、质量要求更高。在新时代人民的小康生活得到保障，老年人继而产生了比如社会交往、文化娱乐等更加繁杂的、层次化的需求。同时，新时代的老年人文化水平普遍较高，对于老年教育也有更高的质量需求。三是老年教育供给不平衡不充分。伴随着城乡经济发展不平衡老年教育也存在着城乡供给不平衡，同时由于我国老年教育是由老干局衍生而来，我国老年教育的对象人群也存在不平衡的现象。并且同日益增长的老年教育需求相比，老年教育供给内容仍然不够充分，亟需内涵式的发展。四是老年教育方式面临变革。随着信息时代的来临，人们通过网络在终端上实现信息交互；并且老年人的学习方式越来越平面化，每个人都可以成为教学的主体，从而导致传统的教授式教学方式正在淡化。可以看出，在新时代老年教育具有高体量、高质量、普及化、平衡化、信息化的需求。

在这种背景下，发展老年远程教育恰逢其时。2021 年 7 月 13 日教育部印发《关于广泛开展老年人运用智能技术教育培训的通知》，提出"开放大学体系要发挥终身教育重要平台作用，创新线上线下相融合的老年人运用智能技术教育培训模式"。2021 年 11 月 24 日，《中共中央 国务院关于加强新时代老龄工作的意见》首次提出将老年教育纳入终身教育体系，并明确依托国家开放大学筹建国家老年大学，搭建全国老年教育资源共享和公共服务平台。开放大学体系成为开展老年远程教育的中坚力量。开大（电大）体系自 1988 年开始进行老年教育，具有深厚的历史积淀；具有覆盖省、市、县全面的教育体制；具有成熟的信息化教学体系。开大（电大）体系能够针对性地应对老年教育在新时代的需求。

二、开放大学开展老年远程教育的经验方法

(一) 创新管理体制

在管理体制上,安徽进行了具有显著成效的实践,构建了安徽省老年大学协会领衔的全省老年大学系统与安徽开放大学领衔的全省开大(电大)系统全面合作的"双轮驱动"模式。安徽省老年大学协会联系着全省老年大学以及基层老年学校,安徽开放大学拥有覆盖全省城乡的远程教育办学系统、支持服务体系和优质的数字化学习资源,安徽开放大学负责线上学习支持服务与管理,与老年大学协会系统线下管理相结合,各负其责,协同推进,发挥系统优势,形成"齐头并进,分级管理"的管理模式。这种模式有效地整合了目前能够开展老年教育的力量,产生了不同系统间的耦合效应。

(二) 线上线下一体化教学

老年教育与信息技术融合是时代的诉求,能够产生更广范围、更高质量、更加便捷的老年教育供给。例如江苏开放大学通过老年学习网平台统一提供学习资源,线下提供教学场地、教学设备和教学指导的组织形式。安徽开放大学与省老年大学协会联合主办了"安徽老年远程教育网",实现了学员"注册—选课—学习—学分"完整的"一站式"学习。同时通过"安徽老年开放大学"微信学习平台,老年人可以实现随时随地学习。

(三) 学习进程标准化

实现老年人网上学习进程可视化,有助于老年人跨越"数字鸿沟",使学习过程更加直观、更加便捷;同时实现学习成果量化能够有效调动老年人学习积极性。例如江苏老年学习网提供个人课程表、证书表和学分情况表,个人课程表里包含已学、待学和在学课程,用户可以了解自己课程的学习情况,查看每一门课

程的学习进度、学分获得情况和对应的证书获取情况。并且将所记录的学习成果与江苏学习在线学分银行和江苏开放大学学分银行进行有效地对接,学习成果的认定结果为学习积分。学习积分的获得是以课程时长为计算依据的。这样就实现了老年人学习全过程的标准化,并且有效对接了终身教育体系。

三、老年远程教育研究热点分析

在老年远程教育研究领域,呈现学科综合研究的态势,形成了基于一定理论基础的研究成果。史金玉基于优势视角和增权理论对老年远程教育进行了学情分析。通过调查显示老年人在主观上认同远程教育的理念及方法,且具有应用网络终端的经验和能力,但是对新事物的接纳度不高,更加关注传统和与日常生活相关的主题。这种对老年人学习特点的总结能够为相关研究提供很好的参照。曹颖充分肯定老年人学习动机的中心地位,强调学习者主动建构的学习过程。在分析学习者心理的基础上,在课程资源、平台建设、动机激励等方面提出对策。陈瑶以功能分析方法探究了老年远程教育的正向和负向功能。郑利、娄迎军以SWOT模型来分析老年远程教育的内部优劣势及外部机会与威胁,建立分析矩阵,分析得出老年远程教育的发展策略。综合来看,学者们以不同视角对老年教育的特点、内外部环境等进行了探讨,对老年远程教育的认识更加深入。

四、新时代老年远程教育的发展策略

(一) 推进远程教育末端延伸

老年远程教育末端延伸首要的是末端的体系支持。安徽在“双轮驱动”模式下,自2020年开始远程教育共建点建设。安徽省金寨县吴家店镇竹根河村老年学校成为全省首批16个共建教学点中唯一一个村级共建点,为全省教学体系的末端延伸做出了示范。未来安徽将进一步完善办学体系,向乡镇、街道、社区

延伸,逐步形成"百校千点"体系格局。可以看出推动末端体系建设离不开政府的协调与开放大学的教学力量支撑。其次要建设一支致力于基层老年远程教育的队伍。有了体系支持,还需要有相关的从业人员具体实施。基层老年远程教育的从业人员扮演着多重身份,是教学者,是辅导员,更是老年人的朋友。建设这样一支队伍,需要更多的基层管理者、志愿者加入,并且经常性地开展业务能力培训。

(二)优化课程资源

老年远程教育的重点在于课程资源内容,老年教育不再是强制性的教育,而是以老年人需求为中心的教育。因此优质的、能够契合老年人需求的课程资源是老年教育扩大覆盖面和推进的关键。基于老年人的需求,当前老年远程教育领域的课程类型基本上契合老年人的学习旨趣,例如国家老年开放大学设有书法、绘画、音乐、舞蹈等内容。笔者认为仍然有以下几个方面的优化空间:一是课程资源应当避免传统课程的理论展开形式。老年人的学习能力有限,且区别于应用型、学历型教育,应当寓教于乐,着重体现修养性、生活性的教育特点。二是开发个性化、层次化的课程资源。由于处在生命末端的老年人有着职业惯性、性格惯性,其学习兴趣、认知水平已经固化,因此需要区别对待,因人施教。三是整合资源。从老年教育体制内部来看,课程资源以各教学团体为单位进行了划分,各自独立地进行远程教学组织,需要实现课程资源的共享与融合。从互联网生态来看,随着信息技术的发展,知识在网络平台加速传播与交流,打破了传统的以现实圈层为界限的知识壁垒。虽然网络上有文化垃圾,但是也会有高质量的知识成果,老年教育课程资源同样如此。因此老年教育工作者在开发高质量课程资源的同时,应当致力于整合网络上的优质资源,为老年远程教育服务。

(三)创新教学形式

远程教育能够打破空间的限制,实现随时随地教学,但是和线下教学相比,网络学习无法进行有效的互动交流。因此,在线上线下教学相结合的同时,应当注重建立网上的学习交流平台。例如网上论坛、学习群等,甚至网上的语音、视频交流。在学习者的互动交流中相信能够显著提升教学效果。而且老年人在学习的同时也在社交,丰富了生活,也找到了情感上的依归,老年人的幸福感得到了提升,这正是老年教育的应有之义。从老年学习者的角度来看,老年教育不仅仅是向老年人输入信息,更是老年人的信息输出。老年人有丰富的社会经验、职业经验,每个个体在某个领域可能都小有心得,在生命的末期他们更加愿意通过信息的输出来获得满足感和成就感。因此老年教育的教学形式除了传统的授课,应当创新以实现老年学习者的信息交互为目标的教学形式。

作者简介:

王文川,安徽开放大学安徽老年教育研究院助教。

远程教育助力老年人跨越"数字鸿沟"的实践与思考

摘　要："屏录＋讲解＋图文动画"的网络课程帮助老年人按图索骥,无限回放功能有效解决老年人在智能技术应用学习中"记不住""跟不上"的困难,老年人在日常生活中运用智能技术遇到困难,可以通过手机学习平台及时寻找解决方法⋯⋯远程教育在助力老年人跨越"数字鸿沟"上发挥重要的作用。福州市老年大学围绕丰富老年人智能技术应用教学资源,采取一系列举措,收到了很好的效果。本文对此进行研究,希望能为老年人运用智能技术教育培训的开展提供参考。

关键词：老年远程教育;数字鸿沟;老年人运用智能技术教育

2020 年年底,国务院办公厅印发《关于切实解决老年人运用智能技术困难的实施方案的通知》(以下简称《通知》)提出,将加强老年人运用智能技术能力列为老年教育的重点内容,推动各类教育机构针对老年人研发全媒体课程体系,通过老年大学(学校)、养老服务机构、社区教育机构等,采取线上线下相结合的方式,帮助老年人提高运用智能技术的能力和水平。一年多来,福州市老年大学贯彻落实《通知》有关要求，多措并举丰富老年人运用智能技术教学资源，并依托老年远程收视点开展"送教下基层"活动，打造线上线下立体化"智慧助老"服务，收到了良好的效果，得到了社会广泛认可，其中2个优质工作案例、1个教育培训项目和4门课程资源获评福建省第一批"智慧助老"专题推介项目。

一、举措和效果

福州市老年大学以"四个建设"为着力点，即教学环境数字化建设、网络课程精品化建设、教学平台适老化建设、线上线下立体化服务建设，推动"智慧助老"行动开展。

（一）教学环境数字化建设

一是加大组织领导力度。福州市老年大学成立校数字化校园建设领导小组，制定发展规划，统筹协调全校数字化校园建设工作。二是加大经费投入力度。福州市老年大学主动融入"数字福州"建设，在福州市委市政府的关心支持下，2019年以来已累计投入建设经费1亿多元。三是加大软硬件教学设施建设力度。配置高端服务器，引入4条千兆光纤宽带和4条200兆网关宽带，优化网络环境，确保数据访问流畅；建设"智慧教室"，全校所有教室标配智能触控一体机，一键操作平台，实现课件、视频、板书无缝切换，智慧云管理系统对每间教室课堂教学进行信息采集、数据记录、"云端"分析，实现教学管理自动化、评价反馈即时化、交流互动立体化、资源推送智能化；打造特色教室，多功能医学教室配置红外热像体验舱、按摩训练床、中医辅助教学系统，摄影PS创作室高配电脑配置，VR教室实现"体验式"模拟实操教学功能。四是加大录播教室及配套设施建设力度。校园云集控平台覆盖所有教室，每间教室多机位安装摄像头，自动跟踪摄录课堂实况，数据统一存储"云端"，实现校内直播、录播、远程收视功能；建设专业录播教室，在环境建设上有专业灯光布置和建筑声学处理，在图像系统建设上配备教师、学员、全景 3 架高清摄影机,在声音系统建设上配备专业音频采集设备,在控制系统建设上配置智能录播工作站。

2021 年福州市老年大学获评"全国老年大学信息化建设优秀单位",同年 4 月,全国老年大学"线上"教学探索与实践交流研讨会闭幕式在福州市老年大学举行,全国 200 多所老年大学代表观摩学校数字化教学环境,中国老年大学协会常务副会长刁海峰,副会长、福建老年大学校长杨根生等领导,对学校数字化校园建设走在全国前列给予充分肯定。

(二) 网络课程精品化建设

一是加强教师网络课程教学能力。福州市老年大学加大教师网络课程教学应用培训力度,内容涉及教学设备操作、教案撰写、课件制作、公开课和直播教学操作规范等;将网络课程评价标准纳入每学期教学质量评估,鼓励教师使用现代教育技术进行授课。二是加强网络课程制作团队协作。学校根据课程项目组织授课教师、录制人员、技术人员成立课程项目制作小组。教师负责课件制作和教学活动,录制人员负责录制和后期制作,技术人员负责全程设备保障。在网络课程制作中,制作小组密切沟通,共同完成课程项目分析、授课方案制定、教学设计、脚本编写等制作活动,形成了良好的协作关系。三是加强适老化网络课程开发。福州市老年大学制作的网络课程受众群体是老年人,在网络课程建设过程中,树立以老年人为中心的理念。课程选题从老年人的实际出发,做好需求分析和问题梳理。课程类型全面,有以章节为单位的网络课程,以知识点为单位的微课程和灵活及时、便捷互动的直播课。课程制作形式多样,有展示教学场景的课堂实录,展示操作界面的屏录,模拟仿真过程的图文动画,其中,屏录+讲解+图文动画的制作形式,实现讲到哪里指到哪里的效果,特别适合老年人智能技术应用类课程。课程知识结构合理,内容组织编排符合老年人认知规律。视频画质高清,声量语速适应老年人生理特点,有字幕提示,声画同步。

截至目前,共建设老年网络课程 39 门 771 集、直播课程 24 门 194 集,其中,

7 门 223 集获评全国老年远程教育优秀（特色）视频课程（微课程），5 门 194 集获评省终身教育网络课程重点项目，7 门 90 集获评省老年大学网络精品课件，2 门 55 集获评省第一批"智慧助老"专题课程资源（视频资源）推介项目。学校将这些网络精品课程上传中国老年大学协会"网上老年大学"、福建老年教育新媒体电视平台、福建老年大学"空中课堂"、福州市党员干部现代远程教育平台，面向社会免费开放。

（三）教学平台适老化建设

一是开办《闽都金秋》电视栏目。2018 年福州市老年大学和福州广播电视台合作制作播出《闽都金秋》电视栏目，播放《金色讲堂》（时长 29 分钟,6—7 门课程/年,福州市老年大学精品课程）和《金秋华彩》（时长 6 分钟,12 期/年,福州市老年人才专访）两个版块，深受老年观众喜爱。为了适应老年人的学习时间，2021 年起把首播时间调整到 18∶30 黄金时段，缩短节目更新周期，变为两天一更，增加重播次数，每期早中晚重播 3 次。二是开办校网站、微信公众号学习平台。福州市老年大学在校网站开设"网络课程"，上传本校制作的网络课程，在校微信公众号开设"微课堂"，推送本校制作的微课程。为了适应老年人的使用习惯，校网站、微信公众号启用"长者模式"：增大鼠标箭头，调节背景颜色，加大字号，加宽行距，延长提示信息时长，方便老年人阅读；增大操作区间，提供明确的操作反馈，方便老年人操作；减少专业术语，采用通俗易懂的文案，图标采用简单易理解的图形，功能入口尽量采用图形和文字结合的方式，方便老年人理解。三是开办"福州老年学堂"学习平台。2021 年,福州市老年大学开发"福州老年学堂"微信小程序学习平台，对接校微信公众号，开展 10 门 150 场线上直播教学，免费开放福州市老年大学网络精品课程资源库中 16 门 304 集网络课程。老年人学习不再受时间和空间限制，遇到难点可以无限回放观看。8 月 2 日上线试运行，就受到广泛关注，平台注册人数 5 000 多人，浏览次数达 22 000 余次。

目前学校学习平台适老化建设取得阶段性进展，顺畅了老年人获取学习信息和服务的渠道,极大地提升了老年人平台学习参与意愿。《闽都金秋》电视栏目和"福州老年学堂"微信小程序学习平台获评福建省第一批"智慧助老"专题优质工作案例。

(四)线上线下立体化服务建设

一是提供"菜单式"线上学习服务。福州市老年大学在"福州老年学堂"、《闽都金秋》电视栏目、校网站"网络课程"和微信公众号"微课堂"开设"智能手机"专题,播放学校制作的《手机操作》等85集老年人智能技术应用网络课程;借助中国老年大学协会"网上老年大学"APP直播《手机功能普及》《手机摄影》等公益讲座;作为课堂教学延伸,学校组织计算机系教师,通过微信发布原创教学辅导微视频80集、老年人智能技术应用科普知识200多条;在"福州老年学堂"平台开设端口,方便老年人轻松访问中国老年大学协会"网上老年大学"平台的"手机电脑"专栏、"福建终身学习在线"平台的"老年人运用智能技术"专栏、"福建老年教育新媒体电视平台"的"智能手机应用"专题、福州市党员干部现代远程教育平台的"实用技术"专栏,老年人就像在饭店点菜一样,按需"点单",免费享受海量智能技术应用课程。二是提供"课本式"培训配套教材。为了方便老年人线上学习,福州市老年大学组织计算机系教师,研发了5本网络课程配套自编教材,其中《智能手机应用》和《摄影教程(数码相机)》获评省第一批"智慧助老"专题课程资源(教材)推介项目。三是提供"实操式"智慧助老服务。福州市老年大学教务处制定计算机系年度教学计划:每年开设智能技术应用类班级近30多个,培训学员1300人次左右;每年开展3—5场老年人智能技术应用公益课,通过智慧云平台全校直播。其中,智能手机课获评省第一批"智慧助老"专题教育培训推介项目。学员管理处组建计算机系志愿服务队,通过发放操作手册、进班级辅导等方式,帮助在校学员体验学习、尝试应用智能产品。学员间的交流互助,营造了浓厚的智能技术学习氛围。四是提供"辐射式"指导,带动基层服务。福州市老年大学制定"1+X"工作计划,即充分发挥"1所中心校"

带动"X 所基层校"的辐射引领作用,开展市—县(区)—乡镇(街道)—村居(社区)四级业务培训,指导全市 2 367 所老年大学(学校)和 1 536 个远程教育收视点使用"福州老年学堂"、《闽都金秋》电视栏目、"福州市党员干部现代远程教育平台"以及"网上老年大学""福建终身学习在线""福建老年教育新媒体电视平台"等学习平台开展老年人运用智能技术教育培训。开展"送教下基层"品牌活动,进社区、长者学堂、养老院、乡村等,"手把手"教老年人手机等智能电子设备日常使用技巧。自 2020 年起,创新线上线下相结合的送教模式,累计受益老年人数 50 多万人次。

二、问题和困难

经过一年多的努力,福州市老年大学在开展老年人运用智能技术教育培训方面取得了一定的成绩,但是也遇到了一些问题和困难,概括起来,主要有以下三个方面。

(一)网络课程开发制作遇到瓶颈

福州市老年大学没有电教专业的技术人员,网络资源建设专项经费也有限,只能想方设法采取多脚走路的办法,如采取和福州广播电视台合作,由电视台派录制人员的办法,每年开发 6—7 门网络课程。为了进一步加大网络课程开发力度,从 2021 年起,学校通过邀请招标的采购方式,由中标的某文化传媒公司录制网络课程,但由于经费有限,每年只能开发 10 门左右。很多教育机构的情况和福州市老年大学一样,有较高质量的老年人运用智能技术教育课程和优秀教师,但是由于没有录制人员以及经费等原因,在网络课程开发制作上遇到瓶颈。

(二)一校之力难以形成课程体系

以一校之力开展资源建设,存在课程设置相对孤立、系统化不强、短期行为多、持续建设欠缺等问题；另一方面，缺乏统一标准，不同开发单位的网络教学资源在分类、定义上存在差异，无法实现有效的交流和共享，难以形成完整的老年智能技术应用课程体系。

（三）教学成果展示活动太少

与舞蹈、声乐等其他学科相比，老年人运用智能技术教育培训的教学成果展示活动开展得太少，学习氛围营造不足，不利于激发、保持学员学习兴趣的持续性。

三、意见和建议

本课题组认为，以上福州市老年大学存在的问题和困难，虽然是个案，但也可分析出是目前我国老年大学系统开展远程教育普遍存在的困扰。为了进一步推动远程教育助力老年人跨越"数字鸿沟"，建议如下：

（一）成立老年人运用智能技术教育资源建设基地

建议老年大学与老年开放（互联网）大学、高等院校、中职学校等教育机构开展合作，组建老年人运用智能技术教育资源建设基地，整合讲师、录制人员、设备管理人员以及录播教室、设备等教育资源，做到"有人出人、有物出物、有技术出技术"。建议由中国老年大学协会牵头成立资源建设委员会，多省、区、市成立分会，制定建设规划、统筹资源建设、发布项目指南、颁布技术规范，并组建专家组对建设项目进行评审、检查、测试和验收。项目成果校际共享，并纳入终身教育公共服务平台数据库，面向社会开放，提供公益服务。

（二）注重适老化课程设置和研发

研发更多老年人运用智能技术教育网络课程。一要注重课程的实用性。课程选题要紧紧围绕老年人在日常生活中运用智能技术所遇到的高频事项和应用场景,解决实际问题和突出困难;二要注重课程需求的区域性。根据各地在就医挂号、打车出行、买菜订餐等方面使用的不同应用程序,研发具有区域特点的网络课程;三要注重课程设计的连贯性。通过资源建设基地统一规划,统筹管理,建设具有连续性、梯度性的系列课程,力争形成整体性、连贯性、系统性的老年智能技术应用课程体系。

(三) 组织开展老年人智能技术应用类专题活动

可采取线上线下方式,组织开展一些知识竞赛、成果展示类专题活动,推进老年人运用智能技术教育培训实效,巩固教学成果,激发老年人学习动力,营造社会氛围,让老年人在智慧社会中享受更多获得感、幸福感、安全感。

作者简介:

课题指导: 刘丹峰,福州市委老干部局二级调研员。

执笔: 傅文静,福州市老年大学基层教育处三级主任科员。

创办贵州空中老年大学　打造老年远程教育贵州模式

摘　要：当下我国社会老龄化日趋严重，老年人日益增长的学习需求也让我们面临一个重大挑战。创新是老年教育发展的动力，顺应大数据时代的发展，借助信息技术和互联网开展老年远程教育，可以解决老年教育资源发展不平衡不充分的问题。贵州老年大学不断摸索创新，创办"贵州空中老年大学"远程教育平台项目，为新时代下老年远程教育开创了新的贵州模式。

关键词：人口老龄化；老年远程教育；空中课堂；线上＋线下

老而好学，如秉烛之明。在中国悠悠的历史长河之中，至老不倦，学而不已的终身学习理念一直被流传和提倡。"老则长虑""学不因老而废"都表达了对老年学习的认可和肯定。近年来，中国老年教育从离退休老干部的活动学习中萌芽，经过30多年的发展已经逐渐完善，老年教育的发展方向逐渐清晰和明确，老年教育的各级管理机构、组织协会和老年大学在全国各地建立，系统化的老年教育日趋成熟，老年教育的模式也基本稳定。但新时代下我国社会老龄化日趋严重，老年人日益增长的学习需求推动着老年教育在传统的教学模式下进行创新改革,全国各地亟需拓展老年教育的教学模式,而顺应大数据时代的发展,借助信息技术进行的远程教育应运而生。远程教育有别于传统的教学模式,通过电视广播、电脑平板、智能手机等传播媒介突破了时空的界线,可以解决老年教育资源不平衡不充分的问题,可以应对新时代下人口老龄化日趋严重的挑战。贵州老年大学在 2020 年秋季学期全面线上直播教学的基础上不断地摸索和创新,于 2021 年 2 月启动了"贵州空中老年大学"远程教育平台项目,并于 3 月 22 日正式上线运行,为新时代下老年远程教育开创了新的贵州模式。

一、项目简介

"贵州空中老年大学"是贵州老年大学和贵州广播电视台宽带电视 G + TV 积极探索创新远程教育模式,以"科技化、信息化、数字化"为重要抓手,推动"线上 + 线下"一体化老年教育新发展,让广大老年群体享受优质教育资源,提升老年教育覆盖率而联合打造的专属老年教育平台。该平台的上线,响应了党的十九届五中全会提出的"实施积极应对人口老龄化国家战略",按照《国家积极应对人口老龄化中长期规划》部署,"建设高质量老年教育体系,发挥在线教育优势,完善终身学习体系,建设学习型社会"的指示,也是对贵州省委十二届八次全会作出"积极发展老年教育"决策部署,形成全省老年教育一体化的落地实践。

该平台由贵州老年大学组织全省优质教师设计教学内容与贵州广播电视台宽带电视共同录制精品课件,以空中课程、党建园地、活动动态、学员风采几大版块为载体,内容涵盖全省精品线上课程、党建政策文件宣讲、各级老年大学大型活动宣传、各地州学员使用自己手机或摄像机录制的与学习或才艺相关的视频进行分享,通过贵州宽带电视高清机顶盒在电视平台上进行呈现。凡是安装了贵州移动、贵州电信、贵州联通任一高清机顶盒的学员均可随时在家通过电视参加"贵州空中老年大学"的线上学习,在线学习达到一定程度后,以属地就近原则选择参加全省各级老年大学的线下课程,实现线上远程教育＋线下实地教学一体化的贵州特色办学模式。

二、项目背景

贵州老年大学从 2020 年 6 月开展公共课程线上教学和线上直播,经过一年多的教学实践,积累了课程录制、线上教学、线上管理等经验,为"贵州空中老年大学"建立奠定了基础。根据全国第七次人口普查,贵州省 60 岁及以上人口为 5 931 357 人,占全省人口的 15.38%。与第六次全国人口普查相比,上升了 2.54 个百分点。贵州老年教育工作者发挥"团结奋进、拼搏创新、苦干实干、后发赶超"的贵州精神,结合贵州实际创办了"贵州空中老年大学"。

三、项目支撑和保障

(一) 政策体制的支撑保障

贵州老年教育自 1985 年贵州老年大学成立以来一直备受贵州省委省政府高度重视,1999 年,贵州省老年教育工作领导小组成立,组长由省委常委、省委组织部部长担任,副组长由省政府分管教育或民政的副省长担任。办公室(以下称省老教办)设在贵州老年大学,办公室主任、副主任分别由校长、副校长担任。省老教办充分发挥自身职责,调动全省老教资源,通过自上而下形成的省、市(州)、县(市、区)、乡镇(街道)、行政村(社区)五级办学网络体系推进"贵州空中老年大学"项目。"贵州空中老年大学"是在省委组织部、省委宣传部关心牵头下,由贵州老年大学、贵州广播电视台新媒体产业发展有限公司联合打造,在项目启动仪式上,省委组织部副部长,省委老干部局局长,贵州老年大学党委书记、校长,省委宣传部副部长,省政府新闻办主任,贵州广播电视台党委书记、台长分别做了动员讲话。省老教办对全省下发《关于贵州空中老年大学开课的通知》,老年教育工作领导小组赴各市(州)老年大学调研"贵州空中老年大学"推广情况,多次召开业务普及、宣传、培训会议,并对"贵州空中老年大学"线上 + 线下课程进行反复论证,从政策、体制、业务上提供了支撑保障。

(二) 数据安全的支撑保障

"贵州空中老年大学"面向全省老年人服务,学员数据涉及全省九个地州,对学员数据安全提出更加严格的新要求。大数据新时代下,贵州省委省政府高度重视数据安全,先后出台了《贵州省大数据安全保障条例》《关于开展我省网络安全大核查的通知》等文件,从网络安全、数据安全上要求各单位采取预防、管理、处置等策略和措施,防范数据被攻击和非法使用,保障数据的安全。贵州老年大学积极响应,在"贵州空中老年大学"项目中,撰写《贵州老年教育云平台"贵州空中老年大学"数据管理安全报告》,与第三方签订数据安全和保密责任的条款,对于涉及学员敏感信息,通过加密存储、脱敏使用等技术和管理手段进行安全处理,数据库里面不存在明文的客户隐私数据信息。通过云服务集成防火墙体系进行网络安全防范,同时将云平台应用和数据库进行了物理隔离部署,云平台数据库独立部署于 IDC 机房,与第三方网络采用专线加密传输,数据库服务器采购电信网络控制策略及防火墙服务提供数据安全保障,通过白名单方式进行授权访问,仅限通过 WEB 应用服务器制定 IP 地址进行加密数据传输。对全省后台用户权限进行分级分层配置,细化各自数据版块,所有后台各级管理员责任到人,针对学员的所有数据查询导出都做好日志文件记录在案,从技术上、管理上为"贵州空中老年大学"数据安全提供支撑保障。

四、项目意义和目的

(一) 解决教育资源不充分不平衡的问题

随着我国经济社会的发展,老年人群的物质生活发生了很大变化,新时代老年人群精神文化多样化的需求正在日益增长。老年教育在取得长足发展的同时，也在供需平衡、资源利用和共享等方面存在问题。和全国各地老年教育面临的情况类似，贵州虽然形成了五级办学网络体系，但是老年教育的资源主要集中在省、市（州）、县（市、区）三级，乡镇（街道）和行政村（社区）的老年教育资源相对匮乏，部分村镇甚至请不到老师，只能学员自由组织开展活动。"贵州空中老年大学"统筹全省老年教育资源，以省、市（州）、县（市、区）教学资源为主体，由省老教办、贵州老年大学统筹空中课程教学内容、统一教学大纲和教学计划，吸收地方传统的、优秀的、有代表性的、有民族色彩的课程进入空中课程。同时在其他版块上按九个地州进行分组，整体宣传全省老年教育系统工作动态、新闻活动，并实现全省学员视频分享互动，全面推进全省老年教育协调、充分、平衡发展。

（二）解决老年教育覆盖率低和学员一座难求的问题

截至 2020 年 12 月 31 日，贵州省各级老年大学在校学员为 62.5 万人，老年学员入学率为 10%，而根据《贵州省老年教育发展"十四五"规划》的总体目标，到 2025 年，以各种形式经常性参与教育活动的老年人占老年人口总数的比例应超过 20%。贵州老年大学经过几次扩建和资源整合，以开办分校、开放学院、教学点的形式在一定程度上扩大了办学规模，但老年教育的供需关系存在巨大缺口，仅靠老年大学的传统常规办学很难提高老年教育的覆盖率和老年人群的学习需求，而远程教育恰恰是解决这一问题的重要途径和手段。"贵州空中老年大学"依托深入千家万户的电视开展线上教学，从输出层面彻底释放供应解决老年人学习需求，同时与线下相结合开展属地就近高频率低周期学习，从线上全面解决老年大学"一座难求"的问题，从线下解决实际操作、教师指导、疑难解答等问题。

（三）解决老年人使用智能手机等小屏不方便看不清的问题

根据《第 45 次中国互联网络发展状况统计报告》显示，截至 2020 年 3 月，我国网民规模达 9.04 亿,手机网民规模达 8.97 亿。网民中 50 岁及以上网民占比 16.9%,人数超 1.5 亿,在移动互联网疾速发展的今天,老年人正式开启了小屏时代。小屏移动端使用时长倍增,老年人的眼睛问题在小屏时代愈发明显,在通过智能手机、平板等小屏参与线上学习时,众多老年人反映看不清、不会用、眼睛受不了等问题。"贵州空中老年大学"考虑老年人实际困难,开启老年远程教育大屏时代,妥善解决了老年人使用小屏遇到的各种问题。

五、项目的实施和运行

"贵州空中老年大学"是线上加线下一体化的远程教育办学平台,正式上线以来,贵州老年大学坚持政治建校的办学方针,以党建园地为阵地大力宣传国家政策方针,发挥老年大学在老年人意识形态工作和思想政治教育中主阵地作用;以活动动态从全方面各级层多角度对全省老教工作、老年大学中心工作和重点工作进行宣传报道,发挥了省老教办履行对全省老年教育工作进行全面协调指导的职能;以学员风采展示全省老年学员个性化视频,发扬老年人有作为、有进步、有快乐的精神风貌。项目经过 8 个月的实施和运行,积累了一定的课程录制、线上推广、线上线下融合教学的经验,在乡镇、社区等老年教育资源相对匮乏的地方,全省同步的线上教学融合当地特色和活动教学有力地推动了老年教育的高质量发展。而在省、市、县等校园、配置较为丰富的地区,以线下实践活动、教学体验等方式有力地带动线上老年教育的发展,以实现老年教育的普及和全面发展。我们将在项目实施和运行中继续创新,不断完善,在新时代下研究老年教育、老年远程教育的新方法,借助贵州体制优势开创老年远程教育贵州模式。

作者简介:

苏春晖,贵州老年大学教务处副处长。

老年远程教育队伍建设研究

摘　要：在信息化技术快速发展的背景下，远程教育队伍建设是提升远程教育教学质量的重要保障。本文从构建远程教育队伍的必要性出发，分析目前老年大学远程教育队伍的主要构成部分及建设要求，并探索建立更合理有效的老年远程教育队伍模式，以提升老年大学远程教育的效能方法、模式和手段，实现发展的可持续性。

关键词：远程教育；老年大学；队伍建设

一、构建老年大学远程教育队伍的必要性

（一）转变课程教学模式的需要

老年大学的课程教学模式要针对社会发展做出适应性调整，从线下转为线上，这是一个跨越性的变化，对整个课程教学组织流程涉及的方方面面，特别是人员队伍建设提出了新要求。

（二）提升课程教学质量的需要

综合性、成规模、开展远程教育的老年大学都有非常多的专业和课程，他们大多有各自独特的教学模式及适配性较强的网络教学形式，使用的远程教育手段也不尽相同，所产生的教学质量效果也比较参差。要提高老年大学整体的远程教育教学质量，必须结合学校的远程教育工作推进情况进行统筹，把分散的软硬件资源，特别是相对灵活的人力资源进行集中整合和适当运用。

（三）提升教师个人专业技能的需要

远程教育对教师信息技术素养提出了更高的要求。教师不仅要集中精力于自身的专业教学，还要进行远程教育资源的使用、制作，又要进行教学模式的探索研讨。老年大学的教师多为外聘的非专职教师，提升个人专业技能困难重重。学校开展远程教育队伍建设，可以明确分工又相互协作，优化教学资源共享，促进教师信息化综合素养的发展提高。

（四）提高智慧校园建设、管理和服务水平的需要

智慧校园的建设作为教育信息化的重要组成部分，是衡量学校教育现代化程度的重要标志。目前智慧校园建设作为一项具备基础性、长期性、全局性和先导性的人造工程，其推进过程中最大困难不仅仅是技术问题，管理和服务水平特别是人力资源建设方面的因素更加不可忽视，否则会在整体管理、沟通协调，特别是教与学等主流服务方面举步维艰。

二、远程教育队伍的重要组成部分

本文所指远程教育队伍，特指直接参与建立和完善远程教育一线的人员。根据确保线上教学秩序平稳进行的原则，围绕课堂教学、教学管理等方面的分工，主要由以下三部分组成。

（一）教师队伍

教师队伍在远程教育中具有主导地位与作用。在远程教育模式中，教师主要通过现代教育技术将教育的各种信息传递给学员，其作用已从单纯的教学转变为教与导相结合，即教师通过科学合理的教学设计，以及多种媒体及互联网上的学习资源，组织、引导学员完成学习过程，这就使其工作内容从单纯传授知识为主转变到要附加更多的远程教学设计、引导和评估，从而通过远程模式实现传统教育中的辅导答疑、批改作业、学习交流、教学研讨等环节。这就要求教师既要有扎实的专业知识和理论知识，还要掌握进行教学设计的方法及现代教育技术在各种教学手段上的应用。

（二）管理人员队伍

管理人员的服务与管理作用体现适应性。本文所指管理人员主要是直接参与建立和完善学习支持服务系统和教学质量控制系统的一线教学（教务）工作人员，其职责和工作内容主要是将教学各环节的实施信息及时反馈给教师及专业技术人员，使其有针对性地调节教学活动，改进和完善教育教学信息的先进性、科学性、准确性和可学性。例如如何在线上营造班集体学习氛围，将分散在各网端的学员个体网结到课程班级这个有序的集体中来，使个体化学习拥有一种交互化的环境；如何保障线上课堂秩序，完成师生之间、学员之间的互动与协作，实现教与学的统一；如何为师生提供更好的线上教学管理服务，如教学信息发布、教学质量考核及日常教务管理等。

（三）学员队伍

学员也是远程教育建设的主力军。一般意义上的远程教育中的学习者都是运用计算机，在数据库中、在网页或网址上、在电子图书馆、电子词典和电子杂志中进行自主学习。但在老年大学远程教育大多以课程班级为单元来开展，需要大家的共同努力,才能构建成一个学习集体来完成远程学习活动,其无论是教学平台、课程设置、教学方法和组织形式等都还有着很大的发展和完善的空间。例如老年人如何适应新的自主化的学习方式,如何克服计算机等信息化设备操作水平低的困难开展远程学习,如何克服孤独感,产生集体归属感,在虚拟空间里开展学习等,都要学员通过自身的努力来实现。在这个过程中,学员自然成为远程教育建设的重要力量。

三、老年远程教育队伍建设的困境

(一)教师队伍信息化素养亟待提升

目前老年远程教育正在迅速兴起、蓬勃发展,很大一部分从事老年教育的教师对远程教学理论缺乏了解,思想上还没有转变教育理念,在远程教学软硬件设备设施等资源使用方面技能技巧不足,这些在一定程度上阻碍了他们在远程教学中发挥作用。而且各老年大学在老年远程教育建设方面还处于探索阶段,在提高教师素质和培训方案构建、完善教学支撑体系与教学软件等方面重视不够或力度不足,这也是致使老年远程教育教师队伍建设滞后的重要原因。

(二)管理人员的综合素质未能满足形势需求

与老年远程教育的教师队伍建设的困境相仿,老年远程教育的管理人员很大一部分对远程课堂管理方式方法缺乏了解,思想上还没有转变教育管理理念,在远程教学软硬件设备设施等资源使用方面认识不足,在协助教师组织线上课堂、开展线上班级学习活动经验不足等,需要加强理论培训和实践,尽快提高远程教育管理、服务的水平。

(三)老年学员面临"数字鸿沟"

老年人开展远程学习所面临的最大困难来自非智力因素,包括不良或不能有效支持终身学习的态度、经验、自信心、学习动机和毅力等,这些都极大地阻碍了他们参与学习的积极性和主动性。而且老年人喜欢参加老年大学的学习,主要原因在于群体学习能同时满足学习需求和情感需求,他们更看重的是面对面、手把手的学习和交流,远程教育在此存在"硬伤"。同时,老年人还要面对难以适应新的自主化的学习方式、信息化设备(电脑、手机等)操作水平低、存在远程交流困难和信息传播障碍等,这些都是显性或隐性存在的横跨在老年人"享受学习"面前的"数字鸿沟"。

(四)专业技术人员配置不足

目前专门针对老年大学远程教育的设备设施及信息化技术不普遍,信息化建设项目以外包较多,老年远程教育专业技术人员普遍存在短缺、流动性大、针对性不强、不了解老年教育特点等问题。同时,技术人员在远程教育工作中的职责、作用和管理制度很多都不够明确,直接影响了远程教育资源服务于老年远程教学工作。

四、老年远程教育队伍建设策略

(一)树立远程教育队伍建设理念

教师、管理人员和学员,都要树立起现代远程教育队伍建设理念,并从其在远程教育中所担当的不同角色出发,加强对远程教育建设的价值认识和发展要求,不同角色之间在远程教育知识结构和学科知识、技能、方法等方面相互借鉴、互补,共同营造融洽的远程教育教学和服务管理环境。每一个老年远程教育队伍中的成员都要了解自身及"队员"的角色定位和作用,自觉参与远程教育队伍建设,使远程教育教学人力资源及其他资源得到优化配置,从而促进个人各方面素质的提升和教学质量的提升。

（二）以教师为队伍建设的核心

在老年远程教育中,教育教学队伍的核心人物仍然是教师,教师是具体组织完成教学过程、保证教学效果和确定教育后续可能性的关键,具有举足轻重的作用。所以,实施远程教育的教师,不仅要有丰富的学科教学经验,还应具有较强的线上教学的课堂组织管理能力和服务意识;要了解现代远程教育理念,有远程教育教学经验的积累。优秀的、能够胜任远程教育教学任务的教师来充当远程教育队伍建设的带头人,可以更加合理地配置队伍资源,起到事半功倍的作用。

（三）构建合理的队伍结构

这里所说的队伍结构,针对具体学校的实际情况而言,就是要根据学校远程教育教学任务数量及其难易程度来决定队伍构成。如果只是在信息端收听收看录制好的教学视频,那么只要学员就可以构成,这是最简单的线上课堂。但是有规模、有质量、有建设的远程教育课堂,就要充分考虑教师、管理人员和学员、技术人员等因素,包括每种角色分工的团队构成人数、比例、学科、教学经验等,甚至传帮带作用、科研能力和资源配置等,都要充分考虑合理性和体现群体优势。

（四）建立和完善队伍建设保障机制

要构建完善的、质量有保证的远程教育团队,必须加强保障机制的建设,包括取得领导重视、保证资金资源投入、明确目标任务、加强人员选配和建立培训、督办、考评机制等。其中要特别注意的事项有杜绝远程教育工作中出现人员、技术等关键要素的空白和盲区;选用优秀的队伍建设带头人;打造队伍文化建设,强调协作、创新和良性循环可持续发展;不同的远程教育队伍的资源共享和共建等。

五、老年大学远程教育队伍建设经验做法

自 2020 年秋季开学以来,广州市老年干部大学、广州老年大学通过运用课程班级线上教学、"云课堂"、"在线教学微课程"和"云讲座"等远程教育教学方式改革传统课堂模式,以信息化技术促进教学改革发展,较好地解决了实际教学问题。学校的远程教育热度很高,连续三个学期,每学期的教师人数都在 250 人以上、学员人数在 20 000 人以上,而且不断开发出颇受老年人欢迎的新专业课程,教学和服务管理质量问卷调查的满意率均在 97% 以上。除了校领导层的精准决策和科学统筹外,他所在远程教育队伍建设方面也探索和积累了一定的经验做法。

(一)为远程教育队伍建设提供制度保障

通过调查问卷和座谈建言的方式广泛收集远程教育队伍各个方面的意见建议,树立新型教育理念,结合实际制定《线上教学管理规定》《线上教学操作指南》《线上教学检查监督评议标准》《班级微信群管理规定》等远程教育管理制度,要求师生严格遵守与国家网络安全相关的法律法规和学校教学制度,要求管理人员采取"教师讲课、班主任巡堂监督"的管理模式,细化课前、课中、课后的教学组织工作等,让远程教育队伍各部分在实施学习教育时有章可依,有法可循。

(二)为远程教育队伍建设提供技术保障

一是加强信息化设备设施建设和技术人员选配,根据日益更新的现代通信和计算机网络新媒体、新技术开展培训,优化学校教务管理系统功能设置;二是强化教师、教务管理人员业务培训,从学习使用学校"云录播室"摄录设备、熟练掌握不同平台的直播教学软件和视频编辑软件,如何使用"双手机"模式上岗工作,确保巡课和解答师生问题两不误,到提高硬件操作和信息收集等能力等,熟

练掌握计算机应用能力和网络系统知识,掌握现代化管理手段;三是学员线上学习技能培训,通过《手机投屏电视操作指南》和视频版教程等,为学员提供科学的远程学习指导。此外,还应具备进行教学设计辅助以及制作各种多媒体教学资源的能力。

(三)为远程教育队伍建设提供支撑保障

一是建立课程教学组织机制,指导教师转变教学理念,改进教学设计,丰富教学手段,提高课程开发力度,保证线上教学质量;二是定期对线上教学课程进行全程实测,并制定评价标准,对照标准及时总结优缺点,达到以评促教、以评促研、以评促学;三是发挥品牌专业课程和骨干教师的示范作用,在课前准备、课堂教学过程和课后完善巩固三个环节上有针对性地下功夫,提高线上课堂效率,并作示范性展示观摩;四是坚持新教师、新专业课程试课制度,要求从线上课堂的创建、教学方法的选择、学习交流活动的组织和网课装备的试验等各方面进行演练,从心理上、设备上、方法上为线上教学做好全员动员和准备;五是结合线上教学的实践,不断更新、完善相适应的课程教学大纲、教材等的建设;六是教学为师生提供丰富的、多样化的优质在线资源。

老年远程教育队伍建设,就是要从大处着眼,开拓思想、更新观念;从关键处着手,在队伍成员所需要具备的心理素质、教育理念、业务素质、学科知识和技术能力等方面加强建设;从小处着力,例如在组织开展线上远程教学前,要求教师根据本专业课程的教学大纲,结合线上教学重点和难点开展集体备课;学校招生、设置专业课程前要组织教师、学员代表座谈会、问卷调查,使开设的课程更加切合老年人的学习需求,提高课程的报读率和远程教育资源的使用效能等,做到"早""实""细",才能将队伍建设落到实处,抓出实效。

作者简介:

邱碧华,广州市老年干部大学管理办公室教务科科长。

开发三类微课程提升社区教育服务能力的课题研究

——以《老年健康养生课》为例

摘　要： 随着在线教学的不断推进，线上教学具有形式多样、不受时空限制的优势，可以在一定程度上解决老年教育供给矛盾问题，但是在农村地区推广线上教学存在老年人信息基础薄弱的问题。因此将本镇已有的户（互）助学习点建设项目和线上课程相结合，尝试线上线下教学融合衔接，实现线上线下有机结合，是我校后续教学建设的重点。本文以我校"健康养生"课程为例，总结线下实践经验和存在问题，结合线上教学的优势，进行线上线下混合式教学的探索和实践，为后续线上线下课程的教学模式建设提供参考和借鉴。

关键词： 老年教育；教学实践；线上线下教学一体化

现代信息技术的蓬勃发展促进了互联网与老年教育的深度融合，激发了老年教育的活力，创新了老年教育的形式，也推动了老年教育教学模式的变革。《中国教育现代化2035》提出要"加快信息化时代教育变革：实现规模化教育与个性化培养的有机结合，建立数字教育资源共建共享机制"。如何实现线上直播教学和线下面授课堂的互补互惠,既能发挥授课教师的主导作用,又能满足老年学员线下实践练习的客观需要,本文以《老年健康养生课》的线上线下混合式教学来对此进行了探究和实践。

一、概念界定

(一) 微课程

微课程具有课程时间短、资源结构情境化、课程容量易于传播等特点。微课程将原本 45 分钟的课程压缩,使教学内容更加精简;微课程选取的主题一般相对独立、完整,以教学视频片段为主线;课程容量易于传播,资源容量相对较小,一般不超过 100 MB,方便学习者在移动设备流畅地在线点播或快速下载,也可通过各种社交软件分享喜欢的微课程。学习者通过智能手机、平板电脑等工具随时随地实现自主学习、碎片化学习,弥补了传统授课方式的不足,有效拓宽了社区教育的覆盖面,促进了社区教育的数字化进程。老年微课程做到无障碍学习原则,实现操作的简洁和便捷。

周立卓、丁辉在《社区教育微课程开发设计探索》中强调,微课程只围绕一个知识点展开,教学主题指向更为明确。社区教育微课程的主题选择要体现社区教育的特点:一要以人为本,深入挖掘生活化的课程资源,主要是实用型课程资源和素质型课程资源。二要优化整合资源,满足个性化的学习需求。教学主题不能一成不变,而要根据实际优化整合教学资源,循序渐进地开发出更多数量、更多种类的课程资源,建立学习资源库,满足个性化的学习需求。

(二) 在线教学

在线教学是现代远程教育的新形态,是信息技术与教育教学之间深度融合的集中体现。高校开启的线上教学模式,推进了高校在线教学的大规模开展,"用教育技术倒逼教学改革"得以实现。从学习的时间角度看,线下教学依据排定的课程表实时进行;而在线教学上课时间相对灵活,线上教学可以采用录播、点播和回看等方式进行,不管是同步实时还是异步非实时均可开展。从学习的空间角度看,线下教学状态下,师生在学习场所中共处一室或一地;而在线教学促使教学形态和学习方式变革,师生即使在物理空间分离的情况下,也能运用网络进行交互式的教与学活动。

(三) 线上线下混合式教学

线上线下混合式教学模式出现在 20 世纪 90 年代。何克抗教授认为混合式教学就是要把传统教学方式的优势和数字化教学为主的线上教学优势结合起来,既能发挥教师引导、启发、监控教学过程的主导作用,又能充分体现学生作为学习过程主体的主动性、积极性与创造性。与单一的传统学习和线上学习方式相比,混合式教学模式效果更好。因为混合式教学将传统的教与学进行了数字化,在传授知识和知识内化两个认知环节都进行了优化。

与传统教学相比较,通过线上线下教学模式,学生对课程知识的理解和把握、对于学习的积极性,都高于单一传统教学或单一线上教学模式。由此可见,成功的混合式教学模式,既发挥线上课堂教学不受时空限制的优势,又能在线下教学活动中充分重视和解决学员"如何学""何处学"的问题。由于同时包含线上学习和线下学习部分,故学习资源也形式多样,通过不同形式的组合,适配于不同类别的课程的需要。

二、农村老年教育发展基于微信多种形式课程需要

由于各个老年学校师资力量和线上授课设备不足等客观因素,现阶段社区学校校本在线课堂存在以下问题: 课时数量有限、重教师讲授而轻学员交流互动、教学形式固定等。

同时基于 CGSS2015 数据可以得知,农村老年人受教育程度仍然相对较低

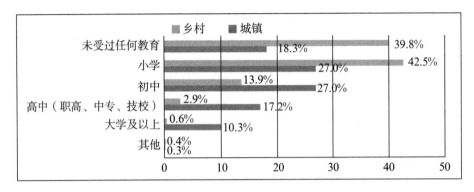

图1 老年人受教育水平的城乡比较（CGSS2015）

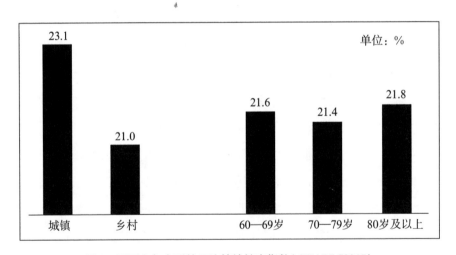

图2 不同老年人群的平均精神健康指数（CHARLS2015）

（初中及以上文化程度不足18%），且农村老年人精神健康问题比城镇老年人更严重。一方面，较低的受教育水平在很大程度上限制了农村老年人对智能手机和线上学习的接受能力提升和主动尝试的意愿；另一方面，由于城乡人口流动和家庭规模的小型化，使得我国乡村地区中老年人的精神健康问题变得尤其严峻。因此对于农村老年人群来说，入学门槛低、师生互动较多、有着浓厚课堂氛围的线下课堂教学仍然是最受欢迎的教学形式。

但是线下课程也存在授课时间集中，授课人数限制、学习内容以理论讲授为主等的局限性，线下课程授课结束后，教学也就终止了。教师和学员缺少交流，也不利于老年学员将课程所学知识应用到自己实践生活中。同时农村老年教育学情比较复杂,农村老年人以及回迁城镇老年人个人基础不同、理解能力不同、受教育水平不同,导致单一线上或线下的教学方式无法满足所有学员的学习需求,授课教师难以在有限的教学时间内准确把握每个老年学员的学习状况和针对性的课程指导。但是,基于团队微信群、直播教学软件和户(互)助点建设相结合的线上线下教学,可以打破时空和技术方面的限制,提供一个更加多元化的学习交流互动平台,既可以让有一定信息技术基础的老年人能够随时随地获得优质的线上教学资源,利用学习团队微信群开展线上交流互动,又可以降低农村老年人参与线上学习的门槛,让不会使用手机的老年人也能参与学习活动。大家一起集思广益,既增强了学习团队的凝聚力,也促进了老年教育方式的多样性发展。

三、基于微信开展三类线上课程的实践探索

(一) 针对户(互)助学习点及在线课程资源,调整教学路径

学校建立了专职教师以及部分兼职教师共同参与的工作小组。工作小组定期开展项目工作交流会议,梳理工作内容,明确阶段工作重点,确保项目工作有序推进。

我们在老年社区居民中发放了相关调查问卷,了解到不同的老年社区居民对微课程的不同需求。根据老年社区居民的反馈,初步得出了社区教育微课程制作要求,即微课程应是包含1—3个知识点的短平快学习视频,通过本校微信公众号作为授课平台;微课程在制作过程中要注重老年社区居民的接受能力。

在近两年的教学实践中,为了针对农村地区学员到校学习距离较远,在校学习内容优先的现状,我校依托户(互)助学习点建设项目,以丰富学习场所建设为"经线",以多元学习主题为"纬线",开展半集中式学习。每个户(互)助点根据附近居民学习需求,结合学习场所的特色,引导学员自己确定学习内容。例

如，在居家文化学习点，建立沪剧团队和手工团队，推进非遗文化进农家，传承优秀传统民族文化，弘扬社会主义核心价值观。在居家美德学习点，开展核心价值观教育和四史教育等学习活动，取得了很好的提升教学覆盖面的作用。

在2020学年居民学习需求只增不减的背景下，我校积极尝试开展在线教学，采用学习团队微信群发布在线课程通知和提供学习资料，腾讯课堂小程序来开展在线直播教学，校园微信公众号作为历次在线课程和市区级精品课程的学习平台，取得了不错的效果。在2020学年共开展市级层面直播教学4次，13位专兼职老师参与每周定期开展的校级直播教学，发布30期直播课表，完成151节线上直播课，学习课程点击量15 032人。但是也有居民反映在线课程交流困难，参与在线学习时来不及记录所学知识，在线课程课堂氛围不浓厚等情况。

基于在线教学实践中反馈的情况和已有的户（互）助点建设项目的实践基础，我校尝试重构在线课程的教学方式，以线上教学辅助线下实践的策略。以我校的《老年健康养生课》为例，围绕课前自主学习、线上课堂授课、线下户助点交流实践和课后分析全面展开。在教学内容的选择方面，选用自编的健康教育读本，将课程内容分解为不同情境下的教学模块，以心理健康、心血管疾病、慢性病、食疗保健、经络养生等为主题，融合中医调养、西医抢救、生活习惯等健康基本理论知识为一体，并基于具体的任务情境（如身边的人或事、养生保健案例等）完成相关的在线教学活动。在此基础上，在户（互）助学习点组织半集中式线下学习交流会，由学习点学习干部或学习团队负责人主持学习活动，在线授课教师通过视频会议或实际到场，引导学员互相交流提问及补充，纠正学员在线上学习过程中的错误理解及补充讲解，巩固线上所学知识。在此，笔者认为，针对养生保健这类教学目标群体广泛、学习基础参差不齐、学习需求差异较大的通识类课程，采用线上线下混合式教学方式，不仅可以扩充学习资源，还能满足不同学习者的个性化需求。

在《老年健康教育课》线上线下混合式教学实施过程中，教师不再仅传授知识,而是更多地作为课程的建设者和组织者:一是积极开发《老年健康养生课》读本和《经络养生操》微课程等线上教学资源,供学员们课前预习;二是预先规划课程内容,将每节课的教学目标、教学重点、课程大纲等内容形成教辅材料,事先在学习团队微信群进行分享,保证每个线下学习点都能了解授课的主要内容;三是针对学习点特色,设计线下教学活动。

(二) 混合式教学的实施开展

线上线下混合式教学主要包括课前预习、课中在线教学、课间线下交流实践和课后总结评价几个阶段,课前和课中主要借助校园微信公众号和腾讯课堂在线学习平台开展线上教学,课中主要采用户(互)助学习点半集中式线下教学,课后依托学习点台账或者线上线下问卷来进行资料收集工作。

课程组通过对钉钉、微信以及各类会议软件的优缺点比较,认为微信在本镇的社区居民特别是老年居民中普及率较高,其内置的小程序"腾讯会议"直播质量尚可且无须额外安装 App,同时支持直播课录制和互动交流,因此我们最终选择"腾讯会议"进行直播教学,通过微信群和腾讯会议开展在线讨论和课堂交流。

通过对云端课堂课程实践,我们认为远程在线教学不仅仅是简单地将课堂进行直播,一堂云端课堂需要授课老师、技术人员和远程教学组织者通力协作才能完成。另外,远程教学不能一味地追求课程本身,而应当考虑到地区学员的学习条件和能力,有针对性地建立相应直播渠道和交流平台,既要发挥在线教学形式灵活多样、教学手段丰富直观的特点,更要充分考虑传统教学模式中师生互动交流的必要性。

四、课前预习

授课教师将与课程相关的网络学习资源(如微课程、自我健康小测试、在线直播课等)发布在校园公众号平台的线上课程栏目和学习团队微信群中,以供学员进行线下自主学习;户(互)助学习点负责人或办学干部组织学员通过在线教学资源学习相关背景知识,对一些基本的健康术语有所了解,以具备健康课程学习需要的共同基础知识,有助于在后续的线上学习线下交流中展开思考,跟上教师的教学节奏。教师则通过学习团队微信群进行交流,了解学员课程的学习进度,以便合理规划教学内容。

(一)课中在线教学环节

因为考虑到兼职教师的在线教学能力和老年学员对于在线课堂 App 的操作熟练度,所以,讲授式在线教学仍然是主要的教学方式。授课教师在线上课程中着重讲解本节课程的系统性知识、理念和重难点部分,如此一来,兼职授课教师便可以根据自身实际情况,自由选择直播课程或是录播课程,避免由于突然课堂形式转型给自己的教学安排带来太大压力。

(二)课间线下研学活动

在户(互)助点的半集中式线下学习中,主要由授课教师协助办学干部或学习团队管理员根据之前线上学习的教学内容及学员的线上学习情况,基于问题、项目或任务创设情境,设计相关的探究主题。例如,在进行《健身气功》这一章节的讲解过程中,居家健康互助点的太极拳班成员就根据课程内容开展了一次太极拳八法五步比赛,大家一起通过互动讨论、自主探究等方式研究太极拳和气功在强身健体方面的共通之处,取得了很好的效果。在此,笔者认为授课教师也可以定期走进户(互)助点线下课堂中,针对学员在之前的线上学习中产生的困惑和问题进行解决,把握学员的实际学习状况。同时,学校也需要定期组织户(互)助点线上线下混合式教学研讨会,为授课教师、办学干部和户(互)助点负责人的交流提供一个平台,缓解因交流不畅而带来的一系列问题。

（三）课后教学评价

课程评价是对学员学习效果的考量，利用腾讯课堂等线上教学软件本身已有的教学管理功能（考勤签到、信息更新、学员名单等）。线下户（互）助点也应当基于村居学习点台账来建立一个客观的评价标准，包括统计学员的线下学习活动出勤、交流活动的发言频率、学员的学习成果展示数等。同时将评价结果及时反馈给学员，一方面，老年学员可以从积极的评价中获得肯定，增强自信心并鼓励自己不断坚持健康的生活方式；另一方面，针对评价所反馈的问题和不足，老年学员也可以接受有针对性的教学改正或及时寻求他人的帮助。一般情况下，主要考察学员对本节课所学知识的掌握程度和面对现实生活中遇到的实际困难的解决能力两个方面。学员对学科知识的掌握程度可以通过设计随堂小测验的方法进行评价和管理，也可以通过下一堂课程的学员参与率来反映教师的实际教学质量。

五、研究后续思考

（一）微课程学习平台缺少课程引导机制

微课程终身学习体系的建立前提是建立开放、全面的学习平台，"人人、处处、时时"能登录平台学习。然而即使是成熟的数字化终身学习的平台仍然存在着一定的不足。以市级终身教育平台"上海学习网"为例，该网站除了作为终身教育学习门户网站，包含大量学习资源，但是过多的资源使老年人产生了迷茫心理——面对众多的精品微课程，反而不知道从哪里开始学习。因此我们建立微课程体系必须要注重对学员进行引导，帮助他们选择适合自己的课程。目前无论是上海学习网还是在本次实验中，观看微课程的主要智能移动端仍然是微信。虽然微信作为最大的社交软件在推广课程方面有着巨大的优势，但是作为一款社交软件，在数据信息收集方面仍然有一定的局限性，不能完全满足微课程开发者的需求。

（二）教育资源整合和线上授课问题

线上教学平台的建设必须要有丰富的教学资源作为支撑,其中就包括教材、课件、案例和视频资源等,而线上线下混合式教学就是要将与课程相关的学习资源进行整合与应用。因此,线上教学如果仅仅是将原有的课堂教学内容视频化是不够的,需要在课前预习阶段和在线教学阶段适当引入其他渠道的知识内容,从旁征博引的资料中培养学员们的学习兴趣和辩证思维,保持老年学员的学习兴趣。但是在实际开展过程中,授课教师难以在兼顾教学任务的同时进行学习资料的收集、筛选整理、剪辑加工和分享推送,因此需要学校团队力量的支持,开发优质的教学资源。

同时,现有社区学校专职教师人数有限,其授课教师主要是由退休人员或在文体方面有一技之长者组成的兼职教师授课团体,大多数兼职教师未接受过正规教育和专业培训,对于使用线上教学软件开展教学并不熟练,容易出现兼职教师教学意愿高涨,但是实际线上教学效果不佳的现象。对此老年学校可以针对定期组织兼职教师开展的线上教学培训活动、政策激励等提供必要支持,提升教师的信息技术应用能力,以期充分利用教学平台的各项功能,如学员签到、板书书写等,使教学效果能够事半功倍。

（三）实施线上线下综合评价

在线上线下混合式教学中,对老年学员的学习情况进行科学全面的评价是十分重要的。首先,授课教师只有通过收集学员线下活动评价信息的反馈,才能更好地了解学员的学习状况和线上教学的教学质量,有针对性地指导学员线下自主学习。其次,在线上线下混合式教学中不能只依赖教学平台或者学习点台账提供的数据来作为评价反馈。平台能记录的数据一般只能反映学员的学习参与率,而线下台账所提供的数据相对缺乏时效性。因此,授课教师也需要经常走访学习点,亲自参与线下学习活动,以面对面的方式了解学员的学习状况,也建议以微信视频或者腾讯会议等方式与学员进行实时互动。

如果以《老年养生保健课》为例,可以设置线上线下相结合的课前资源预习＋反馈＋在线课堂互动＋线下学习参与率＋线上答题小问卷＋养生保健心得体会日记＋每日锻炼数据等环节组成的综合评价模式。基于线上线下混合式教学特点,评价需要将过程性评价和总结性评价相结合。笔者在此建议课程评价体系包括线上教学考勤和互动(20%),户(互)助点线下实践学习(40%),学习成果展示(20%)、参与师生课程专题讨论会与后续各个渠道反馈(20%)。

(四) 依托学科中心组,开展共建共享

目前学科专业建设是进行老年教育人才培养和服务社会的重要途径,而课程建设在学科专业建设中作为核心内容存在。要推进老年教育课程建设必须要高度重视线上部分课程质量的提升,以更好地建设精品课程,起到辐射推广的作用。

因此需要组建基于学科背景、结构合理的建设团队:(1)遴选熟悉课程体系和教学规律的教师来担任课程负责人,课程负责人须为专业骨干教师,对课程建设标准和教学的具体实施有全面清晰的认识。(2)要求团队成员具有教学设计能力,能够系统规划线上线下教学系统的融合,解决出现的教学问题,并能够对教学过程和结果进行评价和反思。(3)部分团队成员不仅要懂相关技术,更要熟悉课程建设,便于更好地提供技术支持;而现有的学科中心组正好可以满足此类团队人员的需求。比如组织信息学科中心组和茶艺学科中心组合作,茶艺学科中心组负责给兼职教师提供优质的现有教育资源和课程资源,信息学科中心组则负责课件的前期制作和视频资料的后期剪辑加工等技术支持工作,这样优质师资相互合作也可以发挥出更大的能量,辐射更广的区域,推动线上线下教学进一步发展。

(五) 根据自身属地的区域特色打造课程

线上线下混合式教学的实施原则即是将线上授课的环节留在校园,而线下

实践讨论环节分散到社区内的各个学习点。那么如果转换一下思路,各级老年教育组织完全可以利用本区域的当地特色,在各方的支持下,打造和构建具有区域特色的老年教育优质课程,并通过线上线下混合式教学来推广至辖区的其他学习点,充分满足老年学员的多元学习需求。如此一来,既可以起到保护区域传统文化,又可以拓展教育的内容,构建更加丰富的区域老年教育课程体系。

作者简介:

陈臻,上海市松江区石湖荡成人中等文化技术学校二级教师。
张峰,上海市松江区石湖荡成人中等文化技术学校一级教师。

街镇老年学校远程直播教学质量保障的探索与实践

摘　要：街镇老年学校线上课堂越来越受欢迎，在开展线上教学过程中出现学员需求广而参与率低、师资匮乏、教学质量难保障等现象。为了提高老年学员的参与率低及解决师资力量匮乏的问题，街镇老年学校通过加强直播教室建设、师生信息素养培训、整合优质资源来提升远程直播教学质量。

关键词：老年远程教学；教学质量保障；直播教学

街镇老年学校是街镇区域内老年教育的重要阵地，主要开展线下舞蹈、声乐、书画等多元课程。近年来，线上课堂越来越受到重视。街镇老年学校整合网络优质学习资源，推广市、区线上直播课堂，同时，搭建学校层面的直播课，满足区域内市民多元的学习需求。本研究主要集中在学校自建直播教室以提升远程直播的教学质量。

一、街镇老年学校远程直播教学现状

街镇老年学校(以下简称"学校")直播教学,一般通过"腾讯会议""腾讯课堂"等第三方直播平台开展课程直播教学,或者利用班级微信群发送语音、图片、视频等形式,进行教学答疑。通过调研,街镇远程直播教学现状如下:

(一)需求宽广,学员参与率低

老年人对线上学习需求不断增加,48.18%的老年人对"健康医学"有学习需求,34.87%的老年人对健身运动感兴趣,同时,书画艺术、人文知识等10类课程都有超过20%的老年人有学习需求(见图1)。

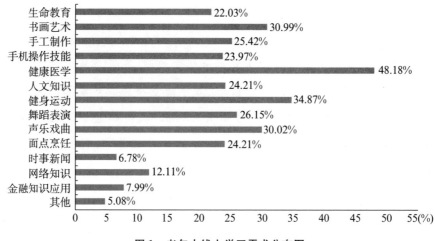

图1　老年人线上学习需求分布图

通过调研发现(图1),老年人线上学习兴趣需求分布广泛,但是,老年学员部分直播课堂线上学习人数不多。根据调查显示(见图2),影响学习最重要的因素是网络不稳定无法顺畅参与学习,占比45.52%;其次是难以长时间观看直播课程,占比34.14%。另外,因老年人在信息素养方面的缺失,以及个人因素,导致其网络直播课程的参与率低。

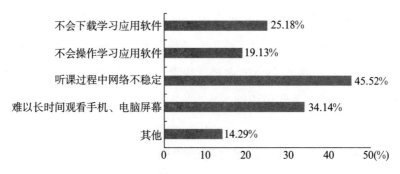

图2　影响老年学员线上学习的因素

（二）师资匮乏，教学质量难保障

远程直播教学，不仅仅是线下课通过直播平台变成直播课，更应该是根据课程特点与直播课堂的特点，选择符合线上教学的内容，合理呈现教学设计，形成有效的学习互动，因此，线上直播课堂相比线下课堂，需要三类人群的参与：课程教学人员、直播教学管理人员、学习辅导员。然而，学校直播教学的师资主要来源于兼职教师，他们大都是离退休志愿者、专业技能能手等，年龄偏大，面对线上直播教学设施设备、平台操作等不熟悉，更缺少线上教学设计；而直播教学管理人员主要是学校专职工作人员，协助操作直播平台，对课程又不熟悉，较难精准呈现教学设计，加上专职人员有限，受其他工作的安排，难以长期协助工作；学习辅导员，主要在直播教学中互动、促进学员与教师交流，一般由班级班长等志愿者担任，然而他们本身是老年人，对线上课堂陌生，平台操作不熟悉，很难带动学员与教师互动，无法起到学员与教师之间的桥梁作用。

（三）基建缺失，教学组织难

学校在2020年前并不重视远程直播教学，主要安排"上海教育频道"的远程直播课堂，组织居（村）委居民进行集中或分散式学习。2020年，学校开展线上直播教学，然而，学校没有线上直播教室和相关的设施设备，也没有相应的师资储备，更缺少资金的保障，在组建直播教学过程中，从零开始探索，选用的直播平台与设施设备在磨合过程中常出现画面延迟、画音不同步、教学不流畅等问题。另一方面,老年学校师生对于线上直播课堂缺乏认识,数字化素养偏低,导致师生对直播平台不熟悉,线上直播教学缺少了线下课堂的互动,使直播教学变成了教师的"一言堂",教学组织难。

二、提高远程直播教学质量保障的措施

(一)加强直播基础建设,构建远程教学平台

1. 直播平台

老年学校开展远程直播教学,需考虑师生信息素养、教学效果、教学形式等,选择合适的直播平台至关重要,主要直播平台比较见下表:

表1　主要直播平台比较(部分)

序号	直播平台	性质	特点	不足
1	腾讯课堂	免费	界面简单,易操作,适合熟练掌握且需要摄像头、PPT、屏幕、多媒体切换的课堂教学,具有回看功能	缺乏实时画面互动,语音交流操作复杂
2	钉钉	免费	功能齐全,有摄像头、屏幕共享、专业三种直播模式,具有回看功能	界面复杂,对老年人操作不友好
3	腾讯会议	免费	界面简单,教师可以在摄像头、屏幕两种模式之间切换,师生画面实时互动,基本满足大部分课程教学需求	缺少签到、回看等功能
4	微信/微信视频	免费	微信群用语音、视频、文字直播,操作简单,教学内容较容易保留	信息容易被淹没,互动不及时,教学效果差
5	抖音/B站等	免费	视频直播平台,适合舞蹈类视频直播教学	开通要求高,缺少签到、回放功能

（续表）

序号	直播平台	性质	特点	不足
6	小鹅通等	收费	操作简单,与微信平台融合较好,适用于多种形式授课,具有回看功能	收费平台,教学成本较大
7	自主研发	收费	针对学校直播各项需求设定,基本满足教学需求	开发成本高,多学科难以整合

对比各直播平台,结合老年人信息素养特点,根据不同学科选择合适的直播平台,免费平台推荐"腾讯课堂""腾讯会议"。本校通过对比,选择"小鹅通"平台,该平台便于学员通过微信进入,也可以实现 OBS 推流直播,结合微信群可进行多形式的直播与交流。

针对多画面直播教学,比如:多角度教学画面、多人示范教学等,需要将多机位音视频信号整合到一起,根据现场需求,由导播人员进行实时切换,该形式通过软件导播或硬件导播台实现,其优劣具体见下表:

表2　导播形式比较

导播形式	优势	劣势	主要平台
软件导播	功能齐全、成本低、便携度高、机动性高、稳定性更好等	支持的直播平台有限制,对电脑配置要求较高	OBS、Mshow 云导播等软件
硬件导播	支持手动切换视频流;画面组合有特定的效果可选等	配置设备费用昂贵,需配备专人操作	略

无缝切换直播课程的模式,本校采取软件导播台,用 OBS 软件导播实现画质与音质最优化。

2. 设施设备

直播教学除了平台,还需要一定的设施设备与软件的支持,主要设施设备见下表:

表3　直播设施设备(部分)

名称	用途	类型	性质	备注
电脑/手机	将摄像头、PPT等集合在电脑或手机里,然后输入直播平台,实现直播课堂	硬件	必需	多线路直播需要至少一台电脑
摄像头	采集教师演示画面	硬件	必需	多线路直播需要两个及以上摄像头
小蜜蜂	采集教师语音信息	硬件	必需	—
补光灯	补充直播环境灯光	硬件	非必需	—
视频采集卡	采集摄像头画面	硬件	非必需	HDMI摄像头接口需要,画面更高清
其他	根据电脑、摄像头等接口,需要HDMI数据线、USB转接口等数据线	硬件	必需	—

除了上述基础设施设备,在直播教学中也可以选择一些软件作为辅助支持,如幕享(将手机画面投屏到电脑)、虚拟摄像头(将采集画面能在直播平台播放)等,使直播教学更为便捷。

(二)开展信息技术培训,提高师生信息素养

学校积极开展师生信息素养提升项目,组织专职教师完成了信息能力提升1.0工程,将直播课堂设备调试、操作台、后期制作等定岗定位,采取教师轮岗学习,不断优化直播流程,做到分工不分家,制定远程直播教学操作流程,保障远程直播教学过程顺畅。为兼职教师开展"腾讯课堂""腾讯会议"等直播教学平台操作培训,制作平台操作微课,确保课程教师掌握平台的基本操作。同时,为老年学员开设"老年人玩转智能手机"课程,制作"云课堂""腾讯会议"等直播平台微课,并指导老年学员参与课程直播学习,并在直播教学中与教师互动,反馈学习情况,不断提升老年学员信息素养。

（三）整合优质资源共享，满足多元学习需求

面对学员多元学习需求，学校需整合网络优质学习平台，以及市、区网络课程直播资源，利用学校微信公众号提供给老年学员，并做好指导、服务、答疑工作。同时，学校依托"小鹅通"等第三方直播平台，设立集"直播、微课、讲座、活动"等学习资源于一体的"云课堂"在线学习共享平台，并将市级金色学堂、乐学大讲堂、慕课等优质在线学习资源在平台内做推广链接，满足学员多元学习需求。目前，学校云课堂平台推出了《老年人玩转智能手机》等课程20门，微课18个，讲座23个，参与线上学习3 381人数。

三、讨论与思考

（一）师生信息素养是影响远程教学质量的重要因素

远程直播教学是学员与教师处于准分离状态，与传统的面授教育相比，缺乏课堂教学的形、声、神的交流，教学质量受师生信息素养的影响。对教师而言，教师能否在直播教学过程中流畅操作直播平台与学员进行交流、作业布置、答疑和课程反馈，都直接影响到教学质量。同时，教师的直播课堂与传统线下课是否有差异，在直播教学课堂中课程内容是否"精短、有趣、丰富"，教学呈现方式是否"多形式、可操作、有效果"，是否能吸引到远程外的老年学员参与课程讨论、交流等，也会影响教学质量。对老年学员而言，参与直播课堂也需要掌握一定信息能力，在学习过程中，能利用直播学习平台与教师互动、提问、反馈学习情况等，满足自己的学习需求。师生信息素养的提升，有利于师生利用直播平台，进行交流互动，减少因距离产生的学习困难，增加学员的学习热情，因此，提升师生信息素养是提高远程直播教学质量的重要保障。

（二）发挥远程直播课堂优势提升教学质量

远程直播课堂相比线下课堂具有打破时空限制、可反复观看、碎片化时间学习

等优势。根据调研显示(见图3),35.84%的老年学员认为远程直播课堂减少了前往学校学习的不便;24.46%的老年学员认为可反复观看,避免学习遗漏。因此,充分挖掘远程直播教学的优势,教师通过正常的教学设计,将相关的知识与技能,通过网络直播平台发布,学员不受时间、地点的限制,用手机、平板、电脑等登录直播平台,进行远程直播学习。学员因事未参加直播课堂学习,还可以通过回看等功能学习,避免线下课缺勤教师补课的重复工作,教师节约的时间与精力,可以更加关注教学内容、教学设计,打造精品课程,提升教育教学质量。

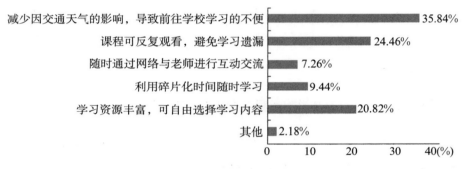

图3　远程直播学习优势

(三)整合优质资源加强远程直播教学建设

一所街镇老年学校开展远程直播教学在经费投入、课程类型、品质、形式等方面都受到限制,难以形成丰富的优质资源。因此,老年学校需整合市、区远程教学资源,联合学区办,组建远程直播教学联盟,发挥各自优势,搭建特色远程教学直播教室、开展远程教学师资培训、共同备课,打造远程直播教学特色课堂;分享直播教学组织、互动等经验,不断优化直播流程,分担远程直播教学经费,建立远程直播教学服务系统,不断提升远程直播教学质量,满足老年人多元化的学习需求。

参考文献:

[1]　宋其辉.上海老年教育直播教学的实践与探索[J].广州城市职业学院学

报,2021,15(03):59－62。

[2]　田许明,林荣东,赖露,花云,刘德锋.基于微信群的远程老年教育互动式教学的策略——以成都市武侯区为例[J].中国成人教育,2021(08):42－46。

[3]　周广猛.提升远程教育质量满足老年教育需求[J].考试周刊,2018(A2):38。

[4]　李先强,廖全明.全日制远程直播教学现状及其教学质量保证体系的构建[J].课程教育研究,2014(28):2。

作者简介:

张萍,上海市闵行区颛桥镇社区学校常务副校长。
杨磊,上海市闵行区颛桥镇社区学校教师。
陈继青,上海市闵行区颛桥镇社区学校教师。

网络学习共同体视域下老年大学在线教学的实践研究

摘　要: 在线教学已经成为常规教学的一部分,是教师必备的教学技能。本文以老年大学教学效果调查问卷和实地考察的方式,从老年学员学习视角对教师教学存在感进行研究,分析影响在老年教育中教师教学存在感的因素以及提升的路径。从教学实践的角度提出提高老年大学中教师在线教学效果的策略。

关键词: 网络学习共同体;老年大学;在线教学;教学存在感;策略

一、问题的提出

在线教学打破了传统教育的时空限制,具有便捷、自由、灵活等多种优势,构建了以学习者为中心、以教师为主导的现代教学模式;具有方便学习者随时随地灵活学习的特点,符合老年人碎片化学习、泛在学习的需要。在线教学已经成为常规教学的一部分,是教师教育教学能力的重要组成部分。

在线教学师生间物理隔离,缺乏面对面教学环境和氛围,存在师生之间直接交流反馈不畅的先天缺陷。教师无法有针对性地调控教学,学员在学习中有问题时不能及时得到帮助,从而影响了在线学习效果。

本文在网络学习共同体视域下,从学员侧探讨教师的教学行为、提升学员的学习体验,调动学员主动学习的积极性,提升老年大学在线教学的效能。

二、网络学习共同体中的临场感

(一) 学习共同体

学习共同体是由学习者及其助学者(包括教师、专家、辅导者等)共同构成的团体。他们在学习过程中进行沟通交流,分享学习资源,共同完成学习任务,在成员之间形成了相互影响、相互促进的人际联系。我们把其定义为:"学习共同体是由学习者、助学者组成,以共同的学习任务为载体,以促进成员全面发展为目的,相互影响、相互促进的学习性团体。"

(二) 网络学习共同体

"网络学习共同体"是在"互联网+教育"的背景下,依托信息技术和互联网在学习共同体的基础上衍生出的,又称为"在线学习共同体"。它是在基于网络的虚拟环境里,由学习者、助学者、技术环境和信息流共同组成的,有目的地开展学习活动的新型组织。

在基于网络的远程学习环境中,网络学习共同体必须经过有意识的设计才能形成。作为助学者的教师,由于缺乏与学习者面对面的接触,要时刻注意到有意识地与处于异地的学习者进行交流沟通,以增强学习者对共同体的认同。

(三) 网络学习共同体中的临场感

临场感是网络学习共同体中教师和学员的心理感受,也称为存在感、存在等。由于物理分离的原因,师生双方都存在一定程度的孤独感和焦虑感,导致在线教学临场感不高。为了提高在线学习的教学效果,需要改变教师和学员不良的心理状态,提高临场感,使之真实感受到彼此并投身在线教学当中,才能在网络学习共同体中专注于在线教与学本身。

教学临场感一般从以下三个方面描述:

认知存在感:反映学习者于在线教学过程中,是否能够持续反思、进行对话构建并确认意义;

教学存在感:包括教学设计与组织、促进对话与直接指导两个维度,反映学习者在认知和社会化的过程中,在多大程度上接收到了教师的指导和促进;

社会存在感:反映学习者在参与在线学习的过程中,是否将自己呈现为"真正的人",与教师和其他同学进行社交和情感交流。

有研究显示,在线教学活动中,教学行为(教学存在)与学习认知(认知存在)间有正向影响。在线学习交互(社会存在)在教学存在与认知存在形成的关系中起中介作用。

三、网络学习共同体视域下的在线教学现状

为了探究在线教育的临场感,我们对石家庄市老年大学 2021 学年在校学员进行了问卷调查,调查对象都有过在线教学和面授教学的学习经验。本次调查共收到有效问卷 4 230 份,其中年龄在 50—60 岁的人数为 2 103 人,61—70 岁的人数为 1 768 人,71 岁及以上 359 人,数据的涵盖面较广,样本具有代表性。

本研究的问卷采用了兰国帅等人设计的中文版探究社区量表。该量表翻译自 Arbaugh 和 Swan 等人开发的英文版探究社区量表,是目前研究在线学习和混合学习临场感的可靠工具。因为本文主要研究学习者感受到教师的行为对学习者的影响程度,所以只选择教学存在感 13 个题项,考察课程设计、促进对话和直接指导的影响程度。最终形成通过问卷星施测的在线学习体验测量

问卷。

我们还自编了一些题目随问卷发放,以了解学员对在线教学的态度、认知,存在的问题和解决方法。其结果如下:

表1　在线教学中的教学存在感(学员)

题　　项	非常不同意	不同意	一般	同意	非常同意	总计
1. 教师清楚地传达了重要的课程主题	0.9	15.2	13.3	30.3	40.3	100%
2. 教师清楚地传达了重要的课程目标	1.1	12.4	17.8	26.2	42.5	100%
3. 教师对如何参与课程学习活动提供了明确指导	0.9	19.3	14.8	25.1	39.3	100%
4. 教师明确传达了学习活动的重要日期/时间安排	0.4	11.2	18.1	33.1	37.2	100%
5. 教师在课程主题上帮我找到共识和分歧的领域,从而帮助我学习	0.6	16.1	19.5	26.2	37.6	100%
6. 教师通过帮助我理清思路引导我理解课程内容	0.9	15.8	20.6	28.4	34.3	100%
7. 教师帮助我参与富有成效的讨论	2.1	22.8	21.7	25.0	28.4	100%
8. 教师以一种帮助我学习的方式,帮助我完成任务	0.8	15.4	21.8	26.1	35.9	100%
9. 教师鼓励我在课堂中探索新的观点与想法	0.8	20.1	22.1	28.4	28.6	100%
10. 教师的行动加强了我的学习共同体意识的发展	1.5	24.6	24.8	26.1	23.0	100%
11. 教师帮助我集中讨论与课程相关的问题	0.5	20.2	22.7	26.8	26.6	100%
12. 教师提供的反馈帮助我了解我的优点和缺点	0.2	20.5	22.7	26.6	30.0	100%
13. 教师及时提供反馈	1.1	24.8	29.6	24.4	20.1	100%

表2　在线教学存在的不足

存在的不足
1. 没有课堂教学的感觉,感觉孤独 2. 直播教学时教师很少交流沟通 3. 教师满堂灌,感觉不到来自教师的支持 4. 没有板书,课件也记不全 5. 长期看屏幕,造成视觉疲劳 6. 缺乏答疑 7. 趣味性不足,探究性学习少

表3　影响在线教学效果的因素

影响因素	百分比
1. 教师教学水平	25.5%
2. 教师与学员互动	23.6%
3. 教学内容组织、有趣程度	17.7%
4. 教师语言表达	12.5%
5. 课后总结	8.2%
6. 在线直播视频回放	7.3%
7. 方便学员做笔记	5.2%

通过问卷数据分析可以得出以下结论:

在线教学过程中,部分学员教学存在感偏低。这可能由于学员对在线教学模式不习惯和不熟悉,也反映了教师的在线教学能力还有待提高,尤其是发挥教师主导作用,与学员进行沟通交流、开展协作学习,实时反馈等方面有待加强。学员认为在线教学存在不足的问卷(即表2)从实施教学方面提出了在线教学存在的问题,和表1的结果相互印证和吻合。而表3则是来自学员的影响在线教学效果的观点,符合教学的一般规律,也值得教师在教学中注意。笔者在平时听课和网络巡课中深有体会,有的教师在直播课中,一直低头操作电脑自说自话,几乎没有和学员进行交流。综上所述,数据结果可作为分析研究和改进教学的参考。

四、在线教学的策略

(一) 提高教师教学存在感

在线教学中,教师的教学临场感如果处于较低水平,作为网络学习共同体中的重要成员,将很大程度影响技术环境的使用、信息流的产生。因此要加强以下几方面。

1. 教师要有扎实的专业知识

学科专业知识是教师最重要的专业能力。在教学中教师能够很好地展示其专业见识,旁征博引,融会贯通。同时补充一些教材上没有但与课程相关的知识。顺应老年大学学员较高的自学能力,提供课后扩展阅读的材料,设计可以利用本地资源的研究或考察项目等,这些都能够提高教师的"教学存在感"。[5]

2. 提高教师的教学策略和教学技能

教师要掌握必要的教学策略,提高教学技能。关心、了解学员的学习状态并与之建立良好的交流与沟通。例如:课程开始向学员介绍课程目标和教学日程安排,每次课程前向学员讲明本次课程的学习目标、教学活动以及相互关系;引导学员参与课程学习活动,指导拓展阅读,使学员感到教师一直在关注和指导其学习;强调教学内容的重难点,引导学员思考或通过学员互评机制来提高教学的针对性。

3. 加强师生间的交流互动

在线教学中,教师要注意与学员的交流互动,善于调动学员的学习积极性。课前,教师要设计贯穿整个教学过程的互动形式和内容,集中学员的注意力。互动要简单易行,且具有趣味性,吸引学员集中精力参与学习。互动形式可以包括：签到、问答、练习题、连线等；教师要及时回应学员提出的问题，给学员提供有针对性的课后指导。在线上教学实践中，有不少教师把讲课的视频同步到教学平台上，利用班级群与学员保持沟通联系，解答学习中的问题，为他们的学习提供支持。[6]

（二）掌握教学技能

提问不仅是检查学员对知识的理解和掌握程度，还具有提示重点、组织学习、获取反馈、调节教学的功能。教学中的问题须在备课时提前设计好。因在线教学中很难做到学员单独回答，教师可把学员可能的答案编号列出，在教学平台上提前编制小程序，学员回答后即可得到每位学员的回答列表。也可开通弹幕，让学员作答。这样方便教师对学员的回答做出及时反应，提高了教师的教学存在感。[7]

（三）在线教学的策略

1. 利用平台的互动功能

教师要熟悉所用平台的互动功能，如：屏幕共享、投票、举手、分组、点名等。这在督促学员保持专注的同时，还能进一步加强教学互动，调动课堂气氛，提升教学效果。

2. 课前互动

教师提前5—10分钟上线，和学员互动，了解他们对课程的期望和意见，这样拉近了师生之间的距离，能够让学员感受到线下教学的情景。

3. 课后辅导

课程结束后，教师继续在线一段时间，为有问题的学员提供课后指导与反馈，帮助学员解决疑难问题，建立良好的师生关系，促进课堂交互。

4. 创造教学仪式感

在线教学中师生会产生疏离感。可创造在线教学的仪式感，使学员产生课堂教学的感觉。如：课前招手、挥手，对应课前的起立；视频签到、打卡，对应课前点名；听课中不点赞，不发弹幕，对应课上不随意讲话；打开话筒发言，发言后关闭话筒，对应起立回答问题等。

5. 制作微课

根据教学要求，教师可制作微课，在教学中作为教学素材播放。契合主题内容的微课，教学效果要比教师的幻灯片和直播效果好得多。

五、结束语

网络学习共同体由学员、教师、技术环境和信息流组成。学员和教师对在线教学学习效果起着重要影响。教师作为助学者，需要合理搭建和利用技术环境主导在线教学的开展，并与学员产生信息流的交互。学员是在线教学服务的对象，应积极参与教师的沟通和交流，真实地投入在线教学中。

由于篇幅所限，本文仅从教师层面，提出提高教学存在感的路径和策略，以期对教师在线教学能力建设有所启迪和帮助。老年大学在线教学已经起步，如何使在线教学更适应老年教育，为老年人提供更便捷、合适的学习方式和资源，还需要进一步的研究与开发。

参考文献：

［1］宋亦芳. 社区数字化学习概论［M］. 上海：上海科学技术出版社，2010：111 - 116。

［2］董梦飞. 网络学习共同体视域下在线教学临场感的实践研究［J］. 上开教学名师，2021. 3. 15。

［3］王广新，白成杰，陆宏. 网络远程教育课程的教学临场感实证分析［J］. 中国电化教育，2012(09)：42 - 47,53。

［4］贾利锋，李海龙. 临场感对在线学习者学习认知的影响——基于探究社区

理论的条件过程分析［J］.电化教育研究,2020,41(02):45‑52。

［5］　兰国帅,钟秋菊,吕彩杰,宋亚婷,魏家财.探究社区量表中文版的编制——基于探索性和验证性因素分析［J］.开放教育研究,2018,24(03):68‑76。

［6］　汪琼.“教学存在感”及实现路径辨析［J］.现代远程教育研究,2020,32(2):11‑15。

［7］　郭友.新课程下的教师教学技能与培训［M］.首都师范大学出版社,2004:131‑141。

作者简介:

林万新,河北师范大学信息技术学院教授、硕士生导师;石家庄市老年大学网络应用系特聘系主任。

后 记

党的十九大、二十大报告分别强调了"乡村振兴"和"积极应对人口老龄化",把二者都列为国家发展战略。不仅如此,《中共中央 国务院关于实施乡村振兴战略的意见》中指出,在实施乡村振兴战略的过程中,要满足现有数量庞大的老年群众的需求,才能妥善解决我国老龄化带来的社会问题。这表明,农村老年教育成为新时期发展老年教育的重大任务。在此背景下,老年远程教育走进农村,提高老年农民受教育水平、丰富老年农民精神文化生活,既是我国应对人口老龄化的重要举措,也是实现乡村振兴、国家振兴的重要基础。

《全国老年远程教育优秀论文集》(以下简称"《文集》")一书,将全国11个省区市老年大学(含地市县老年大学)对老年远程教育服务乡村振兴的实践性研究成果和第五批全国老年远程教育课题征文中的13篇一等奖论文汇编成册,旨在分析老年远程教育包括农村老年远程教育的发展现状,探讨其发展的必要性及推进路径,为老年远程教育高质量、高水平协调发展提供借鉴与启发,以便更好地服务国家发展战略。

《文集》中,"老年远程教育服务乡村振兴战略"课题报告及各省区市课题研究成果,立足国家和地方实际,具体问题具体分析,明确发展定位,找准发展方向,并形成以课题报告、论文为形式的研究成果。该课题还根据 11 个省区市对农村课程需求的调研情况,针对农村老年群体的学习需求,开发了 160 门视频课程,对农村老年远程教育的发展具有重要的现实意义和指导价值。

第五批全国老年远程教育课题论文共计征集 153 篇,研究地域分布广,层级涵盖广,选题紧扣难点热点,主题鲜明,针对性强,研究水平高。《文集》收录的一等奖论文更是优中选优的代表作。

《文集》编辑得到全国各地老年教育领导的高度重视和各部门的积极配合,感谢所有为《文集》的出版发行给予支持帮助的领导、同仁和论文作者。

由于时间有限,可能会有不足和疏漏,敬请各位领导、同仁和广大读者予以批评和指正。

中国老年大学协会远程教育工作委员会

2023 年 7 月于上海